中国经济文库
应用经济学精品系列

中国经济文库·应用经济学精品系列（二）

张永春◎著

新型城镇化进程中的青海省农牧区差异化金融体系重构研究

Research on the Reconstruction of the Differentiated Financial System in the Agricultural and Pastoral Areas of Qinghai Province in the Process of New Urbanization

中国经济出版社
CHINA ECONOMIC PUBLISHING HOUSE
北京

图书在版编目（CIP）数据

新型城镇化进程中的青海省农牧区差异化金融体系重构研究/张永春著．
—北京：中国经济出版社，2020.1
ISBN 978-7-5136-5437-1

Ⅰ.①新… Ⅱ.①张… Ⅲ.①农村金融—金融体系—研究—青海 Ⅳ.①F832.35

中国版本图书馆 CIP 数据核字（2018）第 259987 号

责任编辑　葛　晶　冀　意
责任印制　马小宾
封面设计　任燕飞

出版发行　中国经济出版社
印 刷 者　北京九州迅驰传媒文化有限公司
经 销 者　各地新华书店
开　　本　710mm×1000mm　1/16
印　　张　13.75
字　　数　174 千字
版　　次　2020 年 1 月第 1 版
印　　次　2020 年 1 月第 1 次
定　　价　68.00 元
广告经营许可证　京西工商广字第 8179 号

中国经济出版社　**网址** www.economyph.com　**社址** 北京市东城区安定门外大街 58 号　**邮编** 100011
本版图书如存在印装质量问题，请与本社销售中心联系调换（联系电话：010-57512564）

序言

“十三五”规划纲要提出推动城乡协调发展，城市支持农村，健全城乡一体化机制的形成，推进城乡要素平等交换。其中的关键点之一在于城乡金融资源的配置，重点则放在相互补充的农村金融体系构建上。“十三五”规划纲要也提出在合理发展普惠金融的前提下，逐步加强对小微企业以及贫困地区的金融服务支持。“十三五”期间的另一个重要议题是如何深化农村金融改革，推进新型城镇化建设。

本书将新型城镇化和农村金融发展问题相结合，使区域农村金融理论的内涵更为丰富，并且将青海省主要的农牧区作为研究对象，进行实证研究，从而填补了现有文献资料中关于经济欠发达地区城镇化与农村金融之间问题研究的空白，丰富了农村金融发展理论的内涵。

根据青海省农牧区金融体系服务新型城镇化建设中存在的问题及成因，新型城镇化进程中农村金融供给与需求的新特征，得出相关对策及建议，并且分析新型城镇化进程中农牧区金融体系在诸多方面的差异性，发现农村金融资源配置新型城镇化过程中存在的不足，对深化农牧区金融改革及社会、经济的稳定具有重要意义。

通过调查研究，开展农牧区金融体系服务“三农三牧”的分析，从中发现问题并提出解决措施，为政府解决新型城镇化进程中“三农三牧”问题提供理论依据和决策参考。通过实地调研，深入到农牧户和农牧区企业、基层乡镇政府，了解农牧民的生产生活状况和农牧区企业、乡镇政府发展中面临的融资困难，宣传新型城镇化政策及金融发展形势，密切与农牧民、农牧企业及乡镇政府之间的联系，同时还与县域金融机构建立了沟通交流机制，加强了双方的合作，对促进农牧区经济和金融发展起到了积极的作用。

目录

1 绪 论

1.1 研究背景

“十三五”规划纲要提出推动城乡协调发展，城市支持农村，健全城乡一体化机制的形成，推进城乡要素平等交换。其中的关键点之一在于城乡金融资源的配置，重点则放在相互补充性的农村金融体系构建上。“十三五”规划纲要也提出在合理发展普惠金融的前提下，逐步加强对小微企业以及贫困地区的金融服务支持。“十三五”期间的另一个重要议题是如何深化农村金融改革进而推进新型城镇化建设。

“城镇”一词从经济学角度来释义是指连接城市和乡镇并且发挥独立经济空间职能的桥梁。农村城镇化是经济社会发展到一定阶段的产物，是农耕文化与工业文明相互融合、相互转变的过程。然而，这里所谈及的城镇化概念不单单是指以土地城镇化为主的城市发展带动农村发展的传统城镇化模式，而是指在中国共产党第十六次全国代表大会上首次提出的以人为本的城乡一体化发展的新型城镇化模式。同时，新型城镇化并不能一蹴而就，而是一个循序渐进的过程。新型城镇化是完全由市场主导，按照市场规律进行的发展模式，也是我国现行经济改革中重要的战略规划，是解决“三农”问题和“二元经济结构”的根本途径。其中农村金融支持是新型城镇化顺利推进的助推器，即农村金融体系的合理化构建有利于新型城镇化的可持续性发展，进而带动农村经济迅猛增长。

然而，现阶段我国农村金融改革与新型城镇化发展之间存在诸多问题。例如，农村金融对新型城镇化发展的支持力度不足、农村资金向外流失较为严重、金融供给需求矛盾突出以及长期存在金融抑制现象。截至 2016 年 12 月，从国家统计局发布的数据不难看出 2016 年的乡村人口下降而城镇常住人口上升，城镇人口占总人口比重为 57.36%，相较 2015 年的 56.1%增加了 1.26%。虽然，从统计数据上看，我国的城镇化率超过了 50%。但是，经济结构在城镇化进程中并没有发生实质性的改变，我国城镇化进程仅仅发生的是量变过程，还未能达到质变的过程。同时，我国城镇化发展水平也存在明显的地域性差异，沿海地区的城镇化水平明显优于全国平均水平，内陆欠发达地区的城镇化水平则与全国平均水平相比有明显不足。地域性差异形成的原因很大程度是因为内陆地区与沿海地区相比，相关农村金融服务支持比较缺乏，相对正规的金融供给偏少，新型金融机构尚在起步阶段，资金供给渠道单一，进而使得城镇化进程推进缓慢，农村经济发展也相对滞后。因此，农村金融服务体系的改革不单单是一味地修整农村金融体系框架，还要将城镇化与农村金融发展的有机结合进行综合整改。

与发达国家相比，我国的城镇化发展正处于中期阶段，城镇化率还是相对偏低。在我国这种特殊的国情之下，城镇化进程中赋予了“三农”和“城乡二元经济结构”不同的内涵和释义，对农村金融服务发展也提出了更高的标准和新要求。从目前来看，我国关于农村金融的研究更多的是着重于农村金融发展与农村经济发展之间的关系，众多学者选择的角度都偏静态，很少有通过动态角度（例如城镇化进程）对这个问题进行研究的。虽然有的学者也将城镇化与农村金融结合起来研究，但是更多的是侧重于将城镇化当作影响因子进行研究。因此，本书侧重的是将城镇化作为一个大背景来讨论青海省在新型城镇化进程中，农村金融服务体系应当如何差异化搭建才能发挥其最大的经济效应。

1.2 研究目的及意义

1.2.1 研究目的

项目研究以新型城镇化为背景来探讨青海省农牧区金融发展，主要有两个目的：一方面，总结现阶段青海省农牧区金融体系发展现状及面临的主要问题，农牧区农村金融供给与需求的现状及其特征；另一方面，依据农村金融体系的诸多差异化表现，重新构建农村金融体系，促进青海省农村金融体系改革有效推进，更好地服务于新型城镇化建设。

1.2.2 研究意义

第一，项目研究能够丰富区域农村金融理论的内涵。新型城镇化和农村金融发展问题始终都是国内外学者研究的重点。然而，多数专家学者都是将这两个问题割裂地去进行研究，关于将农村金融纳入新型城镇化的环境中去考量的文献十分稀少。因此，在过去诸多专家学者研究的基础上，将青海省主要的农牧区作为研究对象，进行实证研究，填补了现有文献资料中关于经济欠发达地区城镇化与农村金融之间问题研究的空白，从某种程度上来说，丰富了农村金融发展理论的内涵。

第二，本书也具有一定的现实意义。当前我国正处于新型城镇化进程的飞速发展阶段，但各区域间的差异化十分突出。以青海省自身情况为基础，探索农村金融服务与新型城镇化之间的联系，观察新型城镇化进程中农村金融体系发生的变化及农村金融供给与需求的特征，分析新型城镇化进程中金融体系存在的差异，认识农村金融资源配置城镇化过程中存在的不足，加强人们对农村金融的认识程度，进而对实现农业现代化、农村经济发展、农牧民增收的全面小康社会有深远的意义。

1.3 国内外文献综述

1.3.1 国外文献综述

1.3.1.1 金融发展与经济增长之间的关系研究

Joseph Alois Schumpeter（1912）基于科技金融视角分析金融机构和高科技企业之间的联动影响，认为金融机构在向高科技企业提供资金时，给自己也带来较为丰厚的回报，是一种双赢的结果。[1]同时，高科技企业的发展也带动了社会技术的革新，推动了社会经济增长。Patrick（2000）认为金融与经济增长之间存在两种发展模式，即需求追随型和供给领先型。"需求追随型"模式强调金融服务的需求方，伴随着经济的不断增长，经济主体对金融服务的需求愈加强烈，金融体系依靠对这种需求的反应，不断得到完善；"供给领先型"模式强调的是金融服务的供给方，金融机构、金融资产与负债和相关金融服务的供给先于需求。[2] Gold Smith（1969）率先提出了金融相关率的概念，并用此来衡量金融结构的发展水平。基于比较经济学的相关理论，Gold Smith（1969）运用实证分析得出金融发展与经济增长之间存在正相关关系，但是是否存在因果关系并不知晓。[3] Joseph Eugene Stiglitz（1981）认为农村经济发展缓慢的根本原因在于农村金融市场的自由化程度不高，鼓励政府少干预市场，以使得农村信贷利率逐步市场化。[4] Levine 和 Zervos（1998）将资本市场中的股票加入计量模型中作为因子分析，得出以银行为首的金融机构发展和股票市场的流动性与经济增长率之间是存在正相关关系的，不足之处在于所选取的股票指标易变性可能偏高，造成实证结果会存在一定偏差。[5] Arestis（2001）在 Levine 和 Zervos（1998）的研究基础上，运用了时间序列计量模型，很好地控制了相关金融指标的易变性，得出的结论是金融机构对于经济增长的作用强于资本市场发挥的作用。[6] Kpodar（2011）率先以贫困地区为主要的研究对象来分析金融发展与经济增长之间的联系，发现农村金融发展能够有效地促进贫困地区的经济增长，对改善农村居民生活具有现实意义。[7]

1.3.1.2 农村金融理论研究

农业信贷补贴理论是农村金融发展理论的起点，该理论是由Patrick（1996）于20世纪80年代提出的，认为农业信贷供给先于农村金融发展战略。虽然农业信贷补贴理论奠定了农村金融发展理论的基石，但是其本身仍然存在很多的不足之处，例如该理论一味地强调财政扶持的重要性，忽视了激励农户的储蓄积极性，进而造成了政府的财政压力过大而农户的储蓄意识以及金融意识不强，滞后性尤为突出，效率十分低下。[2] 由于农村信贷补贴理论最大的不足之处在于政府管制下造成效率的低下，因此 Braverman 和 Huppi（1991）提出要逐步放开农村信贷利使其朝向市场化发展，这样可以降低农村金融机构的经营成本，减小农村对外部资金的依赖。所以，在此基础上提出了农村金融市场理论，是金融深化理论的开端。然而，按照西方经济学理论来说，没有一个市场是完美的，总会存在一定程度的市场失灵现象。[8] 因此，Stiglitz 和 Weiss（1989）将西方经济学中的不完全竞争市场理论运用到了 Huppi（1991）的农村金融市场理论，对其理论进行了修正，更系统地阐述了在信息不对称条件下，政府和投资者应该做什么以及如何做得更有效率。[9]

关于金融机构学说中有两种具有代表性的观点，分别是金融机构观和金融功能观，尽管这两种观点主张的内容不同，但都对一定时期下关于金融机构的研究做出了巨大贡献。金融机构观先于金融功能观产生，在哲学范畴上，是符合人们的认知规律的。金融机构观源于 Goldsmith（1969）提出的金融结构理论，认为金融发展也就是金融结构发生变化，这一理论的提出为后人提出并深化金融机构观奠定了扎实的基础。[3]金融机构观认为政府是整个金融市场中金融资源如何配置的主导者，强调一个“稳定性”现象的存在，即所有参与金融活动的主体以及金融在特定时期内是不会发生变动的，并有相应配套的法律法规和监管体系来帮助其正常地运行和维持稳定的状态。机构观鼓励政府建立以政策性金融为主、合作性和商业性金融为辅的金融组织体系，不倡导非正规金融的介入与发展，看重金融机构自身的经营绩效，因此采取的是供给导向型的金融政策，遵循的思路是“机构—功能—行为—绩效”。然而，机构观自从被提出就一直饱受争议，其原因在于如果金融机构所处的金融环境发生巨大改变，并且政府及其他职能机构也无法确保其正常运行时，金融组织的运行效率就会大大降低甚至失效，从而出现混乱不堪的情况，此时金融发展不但没有促进经济增长反而成为“雪上加霜”的筹码，金融危机就此悄无声息地爆发了。

基于金融机构观这一显著的不足之上，以 Merton（1995）为主要代表的学者们提出来金融功能观理论。[10]金融功能观认为市场是金融资源配置的主导者，强调金融机构的基本功能就是在不确定的环境中进行资源时间和空间的配置，主要有六大核心功能：清算和支付结算、储备或聚集资源与分割股份、转移经济资源、提供信息、解决激励、管理风险。在这六大核心功能条件下，该观点认为金融机构应该采取“需求追随型”的金融发展策略，以此根据环境的不同适时地依据需求的变化调整金融机构服务功能。同时，功能观认为在保证以商业性金融为主，合作性与政策性金融为辅的组织体系下，应大力发展非正规金融来弥补农村金融市场中流动性的不足。因此，它所遵循的思路“外部环境—功能—结构”。

1.3.1.3 城镇化相关理论

就中国而言，我国的城镇化起步较晚，关于城镇化相关的理论研究也都是建立在国外城镇化理论的基础上展开的。西方国家关于城镇化理论的研究成果之所以非常的丰富与成熟，是因为西方国家早在 20 世纪初期就有学者提出了城市化的理念，这也为西方国家早于中国 100 多年就形成了较高城镇化发展水平打下了牢固的根基。因此，了解城镇化相关理论主要还是以国外城镇化理论为主。西方国家针对城镇化问题的研究，主要形成了四个派别的理论，分别是区位理论、城乡结构转换理论、非均衡发展理论和协调发展理论。

区位理论中著名的代表理论有马克思的区位论、杜能的农业区位论、韦伯的工业区位论、克里斯泰勒的中心区位理论以及科洛索夫斯基的地域生产综合体论，这些理论虽然提出的时间顺序不同以及所描述观点的侧重点不同，但是它们均体现了区位理论的精髓之处。总而言之，区位理论的核心观点是城镇作为一种新型的社会生产方式，具有在空间维度上使得社会生产中的各种物质要素和物质过程相互聚集的特点。因此，作为产业和相关经济资源聚集地的城镇就承担着引导城镇化合理发展的使命。[11]同时，城镇的发展程度与空间区位以及在此区位下的生产力水平具有息息相关的联系，在某种程度上可以认为后者的强弱决定着前者的高低。

城乡结构转换理论的代表理论主要有四个：城乡二元论、就业结构转换论、城乡结构迁移论以及劳动力迁移论。其中，最具影响力的理论当属城乡二元论，该理论的提出对日后城镇化的发展起到了催化剂的作用。城乡二元理论的主要观点在于由于城乡发展过程中受到城乡二元经济结构的约束，使得城乡之间的发展存在不平衡，包括基础设施建设、社会保障服务、教育等方面。[11]同时，由于不同时期或者不同地区城镇化的进程不同，以至存在诸多的发展模式，例如刘易斯二元结构模式、乔根森模式和托达罗模型等。

非均衡发展理论研究的视角是基于经济发展不平衡下城市化模式的

选择，是发展中国家在进行城镇化进程初期所运用的一种理论。非均衡发展理论将区域经济与产业经济内容有机地结合，阐述了产业是如何在区域经济发展中得到聚集以及其与城镇化发展规律的内在联系。典型的理论有冈纳·缪尔达尔的循环累积因果论、阿尔伯特·赫希曼的不平衡增长论、佩鲁的增长极理论和弗里德曼的中心——外围理论。[11]

协调发展理论的核心理念是以人和自然和谐相处和可持续共存为基础来论述城镇化的发展规律，认为人类在发展城镇化过程中不应以牺牲环境为代价，而应使得经济发展与环境保护之间存在一种协同作用，从而更有效地促进城镇化的可持续发展。经典理论主要有霍华德的田园城市理论、恩维的卫星城市论以及沙里宁的有机疏散论。[11]

1.3.2 国内文献综述

关于农村金融这一命题的研究，很多国内学者都对其从不同角度和深度进行了研究。同时，这些研究的理论成果也在农村金融“增量”改革的进程中取得了实践检验。笔者将国内对农村金融的研究主要归纳为以下几个层次。

1.3.2.1 农村金融概念的研究

农村金融概念的雏形最早源于麦金农（1973）的二元金融结构理论，认为发展中国家存在现代化金融市场和传统的金融市场两种形式，传统的金融市场即为现代意义上的农村金融市场，而国内学者关于农村金融概念也有不同的界定。[12]宋冬林、徐怀礼（2005）将农村金融划分为农村正式金融与非正式金融，农村正式金融主要指那些受到国家相关金融法律法规保护的农村金融机构，农村非正式金融是指那些游离于金融监管以外的金融机构，这个概念的划分与麦金农（1973）的金融二元结构理论具有异曲同工之妙。[13]李海峰（2012）则认为不能将农村金融与农村金融机构混为一谈，从交易性角度来考虑，农村金融实质是一种经济系统和运动形式。[14]许丹丹（2013）同样也从交易性角度对农村金融概念进行界定，认为农村金融是指受到那些国家法律保护的一种金融组织形式，例如村镇银行、小额贷款公司以及互助资金社等，这些非正规农村金融组织不能纳入体系研究，只能是一种有益的补充形式。[15]本书所认可的农村金融概念与许丹丹（2013）的界定标准一致，即受到国家正式批准，依法设立的农村金融机构组织。

1.3.2.2 农村金融和城镇化的研究探讨

（1）城镇化发展中农村金融支持研究。

在实际的研究过程中，国内众多学者比较关心的问题是农村金融在支持城镇化发展中主要的支持手段以及存在哪些支持上的困境。黄成莲（2009）以江西新余市为例，发现在统筹城乡发展过程中农村金融体制的运行障碍主要表现为：第一，资金供给体制错位；第二，农村金融发展环境与农村金融供给意愿错位；第三，农村金融供给与农村金融需求错位。[16]张廷洋（2011）、党文（2013）都从资金的需求角度来探讨了应该如何加快推进西部地区的城镇化进程，认为西部地区城镇化建设中所表现出的资金需求主要有四种：第一，基础设施建设；第二，生态环境保护；第三，农民的非农收入增加；第四，土地资源的整合。[17]正因为这些金融资金需求的存在，才使得金融支持城镇化显得如此重要。左晓慧（2012）则认为农村金融发展与城镇化发展之间存在一种互动机制。[18]可是，现阶段我国城镇化进程中金融支持严重不足，主要表现为金融合力不强。为了改善这种状况，首先要做的是建立多元化的金融服务组织，在此基础上适当加强对农民创业的支持以及推动基础设施资产证券化的发展，以此来为城镇化发展盘活更多的存量资金。

随着我国经济转型和现代化建设的逐步推进，传统的城镇化发展俨然不能适应经济新常态下的新的要求，随即“新型城镇化”一词孕育而生。因此，在新型城镇化发展的同时，农村金融体制到底存在哪些问题也成为国内学者争相研究的命题。李长春（2013）赋予了新型城镇化三个方面不同的含义，认为衡量新型城镇化发展水平的关键指标是“城镇化率”，以及要想促进新型城镇化可持续发展就必须要有农村金融活量资金的支持。[19]党文（2013）以金融组织创新为切入点，研究城镇化与金融组织创新之间的相互关系，认为在西部地区金融组织创新对城镇化的推进是有促进作用的。[20]同时，岳福琴（2014）从新型城镇化下农村资金的来源、用途和监管三个方面来阐述我国农村金融现阶段的困境是监管体系的不规范造成的农村资金使用效率低下。[21]关于西部落后地区金融支持存在的问题研究，肖妍、王伟（2104）以重庆市渝东南地区为例，揭示了现阶段金融支持的现状主要表现为信贷资金依赖高、外源性资金介入不足、金融机构数量少且网点分布不均衡、金融服务错位以及发展滞后等问题。[22]此外，巨丽丽（2014）立足于青海省实际情况找出城镇化建设中农村金融支持方面存在的诸多不足之处，如金融体系不完善、县域自身经济难以维持金融特色产业发展以及直接融资市场发展缓慢阻碍了资金的长期供给。[23]总之，许多学者都发现在新型城镇化下，农村金融存在的最大困境在于农村金融无法满足城镇化建设中的资金需求。高学伟（2016）在总结了众多困境的前提下，提出了关键性的政策建议即建立健全农村金融体系以及农村信用体系，建成个人信用平台的信息共享，降低交易费用，实现帕累托最优。[24]

（2）城镇化与农村金融之间的关系。

既然城镇化的发展离不开农村金融的支持，那么两者之间是否存在因果关系，还是两者又是互为因果关系，关于这个问题，不同的学者有不同的见解。胡斌（2002）认为由于基础设施建设具有公用性、福利性和渐进性的特征，因此政策性金融成为助推城镇化发展的主要动力，提出投融资制度的改革是持续推动城镇化进程发展的关键手段。[25]伍艳

(2005) 率先以西部欠发达地区为研究对象，发现一个地区的城镇化水平与金融发展水平相关，两者之间存在这一种内在的互动机制，即金融发展支持城镇化发展的同时城镇化发展提高金融发展水平。[26]郑长德(2007) 则以金融中介发展为切入点，运用时间序列和空间序列数据的实证分析得出中国城镇化水平和经济金融水平之间存在高度的正相关性，认为聚集效应是推动城镇化的根本动力以及城镇化的发展提高并促进了我国金融中介的发展。[27]可是，范立夫（2010）则认为农村城镇化顺利推进过程中金融支持是重要条件，农村金融应从农村产业化与工业化、城镇建设与经济发展和农民向城镇居民转换三个方面增强支持力度，以此促进农村城镇化由过渡阶段向更高层次发展。[28]此外，张岩，李欣（2014）以资金需求为切入点，来探讨农村金融是如何起到助推新型城镇化发展的作用，提出了以信用为突破口实现思维城镇化、以产业为依托推动城乡统筹发展和用资本、技术手段促进要素自由流动，进而实现新型城镇化发展。[29]在实证研究方面，崔俊（2016）基于 Var 向量自回归模型下，探究人口城镇化、产业城镇化与农村金融发展之间的关系，认为我国城镇化推进与农村金融发展之间存在长期动态均衡关系且二者之间存在一种互动机制，城乡协同一体化发展是今后的趋势。[30]

(3) 农村金融对农村经济发展作用的研究。

近年来，随着新型城镇化进程的逐步推进，农村金融对其的支持力度有显著性地增强，农村经济的发展速度也得到了质的飞跃。因此，关于农村金融对农村经济所起的作用到底是什么，这一直都是国内学者竞相争辩的话题。姚耀军（2004）算是国内率先采用计量模型手段去探究农村金融和农村经济增长之间关系的学者，基于 VAR 模型及 Granger 因果关系分析发现两者之间存在单向因果关系，即农村金融对农村经济增长具有正向的促进作用，而农村经济增长对农村金融发展产生的效应不显著。[31]冉光和、张金鑫（2008）运用内生增长理论中的帕加诺模型分析了山东省1981—2005年以来农村金融发展和农村经济增长之间相关性的强弱问题，认为在山东省区域范围内，农村金融发展与农村经济增长之间存在高度相关性。[32]此外，丁志国、张洋、高启然（2014）在运用基础性的计量模型下，针对性地研究了不同区域经济发展条件下农村金融是如何作用于农村经济发展的。[33]将金融效率、金融规模、金融风险和金融结构四个指标作为影响因子放入模型中进行分析，认为在农村经济发达地区，经济增长受金融规模的影响最为突出，其次是金融风险，而金融机构和金融效率影响偏弱；在农村欠发达地区，经济增长受金融风险影响较强，最后是金融效率，基本不受金融规模和金融结构的影响。同时，肖兰华、施泉生、杨刚（2016）同样也使用了帕加诺模型分析了农村金融对农村经济的影响，创新之处在于为挣脱以往静态研究弊端采用了动态机制进行影响测度，认为农村金融发展对农村经济增长的影响是显著的。[34]

诚然，农村金融对农村经济发展的积极作用是不可忽视的。可是，也有部分学者认为如果农村金融自身发展条件缺失同样会起到抑制农村经济增长的作用。谢琼（2009）运用多元线性回归模型以及协整检验分析研究农村经济增长与农村金融发展之间的关系，认为农村金融发展并没有促进农村经济增长，相反农村金融与农村经济发展目标在结构和功能上存在明显偏差，呈现负效果表现。[35]丁志国、徐德财、赵晶（2012）认为现阶段我国农村金融市场中存在严重失调的存贷比，在一定程度上减弱了农村金融对农村经济发挥作用的效果。[36]此外，张羽、赵鑫（2015）基于面板平滑迁移模型研究认为农村金融相关率是判定农村金融发展与农村经济增长之间关系的关键性指标，认为金融相关率高时，两者之间存在正向关系；金融相关率低时，两者存在负向关系。[37]然而，无论是哪种观点，都有各自存在的时代背景，都对国家制定经济战略具有实质性的意义。处于经济转型中的中国，能够学会接受多元化的观点，是其自身可持续发展的原动力。

（4）农村金融体系的研究。

2008 年第十个“三农”问题一号文件发布以来，我国正在积极地探索如何更好更快地改革现行的农村金融体系，以此服务于城乡统筹发展和新型农村的建设。与此同时，国内学者针对我国在城镇化进程下农村金融体系改革的研究也是颇有见解。卢钦（2010）认为我国现有的农村金融体系是以农业银行、农业发展银行和农村信用社为主导型的正规金融体系与民间非正规金融体系共存的格局，主张的观点认为我国农村金融发展相对滞后，存在农村金融机构之间分工不明确、产权不明晰以及组织结构缺乏层次等问题。[38]同时，阳晓红（2011）以政策性金融机构农业发展银行为例，认为现行的农村金融机构功能发挥不够完善，其支农功能发挥不突出，经营业务仍以“粮油收购”为主导致其业务范围过于狭窄。其次，农村金融机构改革进程中最为严重的问题当属农村资金向外流失严重，即城镇化背景下农村金融机构吸收的存款很少用于扶持“三农”，大部分资金都流向非农产业和城市。[39]卢钦（2010）认为产生这种现象的原因主要是由于农村金融机构的信贷业务重点逐步向中心城市转移。刘卫柏（2012）将这种资金外流现象形象地称为“空心化”现象，并认为造成这种现象的主要原因是农村金融环境与农村经济发展不协调，提出要逐步降低农村金融准入条件，加大村镇银行、小额贷款公司和农村资金互助社等新型农村金融机构培育，形成政策性金融、商业性金融和合作性金融的互补协同发展局面。[38]党文（2013）以西部地区农村金融体系为主要的研究对象，发现在新型城镇化不断推进的过程中西部地区金融体系不健全以及运用金融工具的效率偏低等问题日益突出，造成了西部地区的金融生态环境差，认为金融组织创新志在必行。[20]蔡洋萍（2016）则认为现行农村金融机构的良好补充是来自于新型农村金融机构的建立。可是，近几年来新型金融机构在农村金融“增量”改革的进程中未能充分发挥出“支农支小”的功能，存在跑偏的现象，主要表现为涉农贷款比重下降、经营模式缺乏创新等问题。[40]

（5）农村金融供给与需求的研究。

第一，农村金融需求研究。李喆、吴淑景（2012）从农村金融需求方面来分析，得出了两方面的结论：一是城镇化进程中我国农村金融需求主要来自政府基础设施建设购买的金融需求、农业高新技术的金融需求和社会保障方面的金融需求；二是根据金融需求特征可以划分资金需求特征和金融供给匹配需求特征。[41]宋慧（2010）以青海农牧区为研究对象，发现青海农牧区需求现状是农牧民的信贷需求得不到满足，从而导致农牧区经济和农牧业的发展得不到支持。青海农牧区的金融需求呈现四个方面的特点：农牧区资金需求旺盛；金融需求分为生产性金融需求和生活性金融需求，金融需求多元化，金融服务不够全面化。[42]青海省人民银行黄南州支行课题组（2013）在探究青海农牧区金融需求时，将农牧区信贷需求分为三大类：一是农牧民的生活需求；二是农牧业生产需求；三是农牧区公共基础设施建设对资金的需求。[43]巴红静（2012）指出农户和农企的存贷款金融需求具有多层次差异性、高成本与高风险性、季节性及需求多元化等特征。应从金融供给层次化，加快发展农村保险市场和非正规金融市场等三方面改善农村金融服务。[44]王芳（2005）认为微观金融需求、中国小农金融需求是否与农村金融制度相适应是最重要的问题，多层次、梯度化的农村金融制度是现阶段中国最应探讨的问题。要形成这种制度，政府的职责就是提高农民收入，发展现代金融需求。[45]

第二，农村金融供给研究。王艳梅（2011）把农村的非正规金融机构作为研究对象，指出大力发展非正规金融可以弥补农村金融供给的空缺问题。她认为政府要合理指引非正规金融发展，并进行审慎监管。[46]水峻（2013）在研究农村金融供给模式时，认为农村金融供给有四个约束。一是供给主体约束，农发行、农行、邮蓄银行对农户与农企信贷比重逐步下降，并且供给主体在城乡布局失衡，农村金融短缺局面比较明显；二是供给渠道约束，农村金融产品比较单一，其金融产品与服务无法满足农村地区日益多元化、多层次的金融需求；三是供给机制约束，信贷政策僵化、信贷决策链过长和信贷激励机制缺失三方面问题；四是环境约束。[47]沈昊驹和谢筱华（2011）运用 probit 模型对浙江、湖北、黑龙江三省农村经济发展情况进行分析，得出结论：部分区域农村金融供给不足的主要原因是农户资产存量不足、收入偏低、一级人力资本明显缺位，要解决这一问题，则需要培育农村金融生态，实行有区别的农村金融扶持政策，改变涉农金融的单一金融职责。[48]牛凯龙和李泽广（2010）认为城乡金融供给水平的差异是造成城乡居民收入差异的重要因素之一。城乡之间的信贷资源分布极度不平衡，城市信贷供给量较高，而农村严重不足。[49]丁竹君和柳华（2009）在剖析甘肃省农村金融供给资源短缺成因基础上，提出了农村经济要发展，新农村建设要有新起色，必须健全现有的农村金融体系，农村金融供给需求有效增加。[50]林宏程（2010）分析了我国农村金融供给存在以下问题：国有商业银行在农村金融供给中的作用趋于弱化；农村合作金融供给无法满足农民增收的需要；政策性金融支农范围狭窄；邮政储蓄对农村资金“抽血”严重，他认为要解决农村金融供给不足问题，目前应该根据农村金融供给主体的特征来进行深入改革。[51]何广文（2001）分析指出农村金融机构布局有城乡布局失衡和区域布局失衡两种形式。城市金融机构布局相对完善，农村金融机构分布密度较小；东部发达省份与西部落后省份金融机构密度分布不一致。[52]

第三，农村金融供给和需求失衡研究。李万超（2014）指出农村资金外流的趋势仍然存在，由此造成了农村金融供求缺口扩大，究其原因，是因为农村金融结构不匹配导致金融效率低下。[53]王彬（2008）分析指出我国是二元经济特征的发展中国家，供给型抑制和需求型抑制并存，这是影响我国农村经济发展金融支持方面存在的重要原因。[54]廖舜（2009）在分析我国农村金融改革现状时发现了农村金融供需不平衡的问题，并提出加速农村金融供给体系向多元化发展，规范农村民间金融组织机构，加速完善农村金融体系，建立与完善相关制度和机制，提高农村金融供给能力和满足农村金融需求的有效性。[55]范子辰（2010）从农村金融的需求和金融供给特征入手，找出我国农村金融供求错位的根本原因在于：第一是农村经济发展造成农村金融需求的多样性和需求主体的多层次性；第二是政府主导导致了我国金融供给不足；第三是严格的农村金融管制减少金融供给渠道。[56]佘传奇（2009）通过分析中国农村金融供需现状，认为供需失衡的主要原因是农村金融需求日益旺盛和金融有效供给不足。[57]

（6）农村金融发展政策建议研究。

国内学者针对不同的问题，也提出了自己独特的建议。首先，我国城镇化进程中，农村金融机制最突出的问题当属农村金融对城镇化支持力度不高，资金供给严重不足。朱建华、周彦玲、刘卫柏（2010）[58]、李舟（2014）[59]提出必须建立多渠道的融资策略来改善现阶段融资渠道单一的困境，以此增加城镇化资金的来源。谢琼（2009）、陈尊厚、刘秀兰、李巧莎（2013）认为必须加大银行体制的创新，鼓励建立农村资金回流机制，以此增加城镇化建设中存量资金的规模。[60]黄成莲（2009）认为在建立农村资金回流机制的基础上必须创新财政政策支持金融体系。[16]岳福琴（2014）认为要想变革传统的政府财政资金扶持和银行信贷的融资模式，可以将信托、股票、期货、期权等新型金融衍生工具引入农村金融市场，创造市场活力的同时，积极开展多元化的融资渠道。[21]刘亚洲、李勇（2013）以消费需求为导向提出了青海城镇化要想带动资金供给及消费需求必须做到以下几方面：提升消费品自给率、注重产业结构优化升级、紧抓消费结构调整以及努力改善现有的金融消费环境等。[61]

其次，在城镇化进程中，我国农村金融机构之间缺乏有效竞争以及政策性金融机构功能发挥不足是比较突出的问题。卢钦（2010）[38]、阳晓红（2011）[39]提出需要加快涉农金融机构的改革，加强机构内部建设，扩大涉农业务范围。同时，降低农村金融准入门槛，大力发展新型农村金融机构，以达到直接服务“三农”的效果。杨明基（2010）、汪小亚（2013）认为要持续培育多元化市场主体，建立竞争性的农村金融市场，以此打破以农村信用社为垄断地位的正规金融体系。[62]李长春（2013）认为在建立多元化的正规金融体系下，还可以规范化发展民间金融组织，使其从灰色地带迈向阳光地带，进而满足多元化的金融服务需求。[19]

最后，我国城镇化进程推进缓慢的根本原因在于相关农村金融基础配套设施建设不够完善以及农村金融环境不良。因此，黄成莲（2009）[16]、李舟（2014）[59]、高学伟（2016）[24]提出要适时建设农业保险机制以及农村担保抵押机构，以此来满足农村金融产品的多样化发展。同时，张岩、李欣（2014）认为现阶段银行惜贷的症结在于贷款后道德风险太大，应建立征信评估机制以及农村信用体系。[29]潘威（2013）提出从金融司法环境、金融行政环境等方面来完善制度环境，城镇化进程中使农村金融发展与农村经济产生良性互动。[63]

1.3.3 文献评论

综上所述，国外学者的研究重点更倾向于理论研究，例如农村金融发展理论和农村城镇化理论等，国内研究则比较看重国外理论研究在中国的实践程度如何，是否符合中国特色社会主义现代化的建设，研究内容主要集中于以下五个方面：农村金融概念、农村金融与城镇化之间的关系、农村金融供给与金融需求、金融支持农村经济、农村金融体系构建问题以及针对不同问题所提出的相关政策建议。然而，不管是哪一方面的研究，都存在或多或少的不足之处。其中，关于农村金融概念的界定，现有文献资料表明国内学者依然存在分歧，即农村金融概念中非正规金融是否该纳入其中观点仍不明确，关于农村金融供给与需求的研究中仍然不能确定需求主体的划分依据。关于农村经济、农村金融与城镇化这三方面的研究，国内的大部分文献资料都只单单涉及一方面或是两方面的研究，很少会将这三方面放在一起研究。即使放在一起研究，所基于的视角也是静态的，即假设“三农”问题及“城乡二元经济结构”问题在一段时间内是不变的。然而，通过理论分析可知，在新型城镇化不断推进的过程中，这两方面突出的问题也会随着城镇化程度的变化而变化，所以从动态视角来研究农村经济、农村金融及农村城镇化显得至关重要。同时，关于西部欠发达地区金融支持新型城镇化发展方面的文献明显不足，相关的定量分析不足，且立足于农村金融体系研究的文献仍是空白所在。另外，本项目研究侧重点在于通过研究青海省农牧区农村金融体系的发展现状、农牧区新型城镇化发展状况、农牧区金融供给与金融需求的特征，以动态视角探讨新型城镇化进程中农村金融体系的变化表现，最后差异化地重构未来农村金融体系的新框架，澄清农村金融体系构建的内在机理及一般规律。

1.4 研究方法及思路

1.4.1 研究方法

本书以青海省农牧区金融体系为对象，研究新型城镇化进程中农牧区差异化金融体系的重构，运用民族学、经济学、区域经济学、金融学、农村金融学、统计学等方向不同的理论和方法进行多学科交叉综合研究。

（1）本书研究的基本指导思想是唯物辩证法和系统分析方法相结

合，它也是贯穿研究报告的最基本研究方法。新型城镇化进程中农牧区差异化金融体系重构研究受农村社会经济条件的制约，同时也反作用于农村社会经济的发展。运用系统分析法，从普通问题出发到个别问题的单独分析、透过现象看本质，由抽象到具体，用动态、发展的观点进行研究是保证项目研究体系完整、研究结论正确的基本前提。

（2）突出田野调查法。田野调查法是科学研究的基础和研究者获取信息的重要来源，也是研究民族经济最主要、最根本的方法，在项目研究中多次深入青海省农牧区发放问卷、进行实地访谈，获取调研所需的相关基础资料。

（3）强调比较分析法。农牧区是青海省的一个典型地区，新型城镇化进程中农牧区金融体系与其他地方比较有共性和个性的关系，且农牧区中的农区和牧区、所选四个地区之间因社会经济的发展水平差异，农村金融供给与需求呈现的特征也不同，金融体系的差异化内容表现也有所不同，所以通过比较分析法，在把握共性的基础上，以时间序列为切入口，更准确地揭示农牧区差异化金融体系的构建依据。

（4）规范性分析与实证分析相结合、定性和定量分析有机结合。定性分析青海省农牧区金融体系发展现状和存在的问题，认识银行、保险、证券市场的基本特征和运行规律，通过现象发现本质，其中也存在很多数量之间的相关关系；在测评青海省新型城镇化的发展水平、农村金融发展和城镇化的相关关系、金融融量的测定分析等方面，采用实证分析，在规范研究基础上使研究结论更科学、更能反映客观实际。

（5）静态分析和动态分析结合方法，是交叉、综合运用多种学科的研究方法。通过搜集大量数据资料进行静态和动态的对比分析，以对其进行整理、归纳和比对，以民族经济学、区域经济学、农村金融学、统计分析等学科的理论和方法为基础，更全面地探析新型城镇化进程中农牧区差异化金融体系重构研究。

1.4.2 研究思路

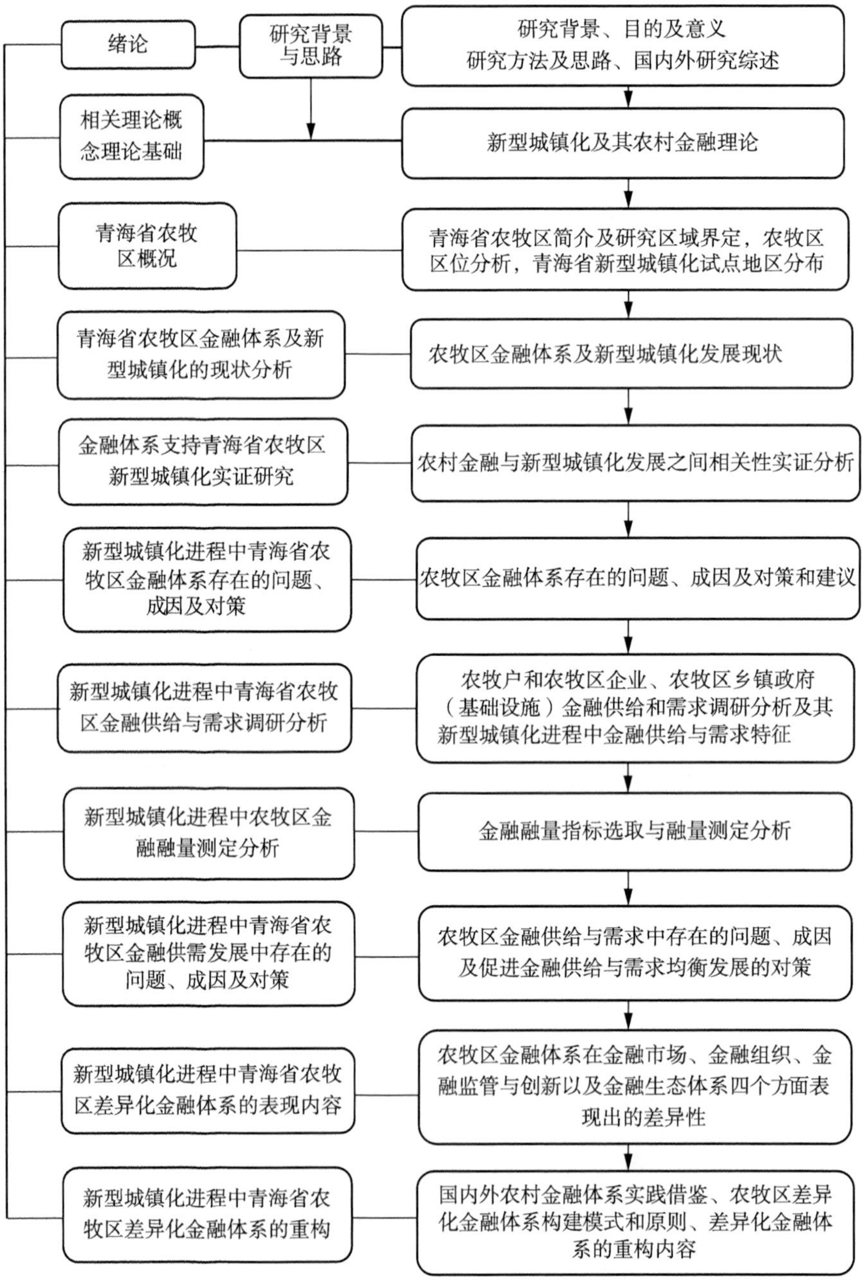
绪论
研究背景与思路
研究背景、目的及意义
研究方法及思路、国内外研究综述
相关理论概念理论基础
新型城镇化及其农村金融理论
青海省农牧区概况
青海省农牧区简介及研究区域界定，农牧区区位分析，青海省新型城镇化试点地区分布
青海省农牧区金融体系及新型城镇化的现状分析
农牧区金融体系及新型城镇化发展现状
金融体系支持青海省农牧区新型城镇化实证研究
农村金融与新型城镇化发展之间相关性实证分析
新型城镇化进程中青海省农牧区金融体系存在的问题、成因及对策
农牧区金融体系存在的问题、成因及对策和建议
新型城镇化进程中青海省农牧区金融供给与需求调研分析
农牧户和农牧区企业、农牧区乡镇政府（基础设施）金融供给和需求调研分析及其新型城镇化进程中金融供给与需求特征
新型城镇化进程中农牧区金融融量测定分析
金融融量指标选取与融量测定分析
新型城镇化进程中青海省农牧区金融供需发展中存在的问题、成因及对策
农牧区金融供给与需求中存在的问题、成因及促进金融供给与需求均衡发展的对策
新型城镇化进程中青海省农牧区差异化金融体系的表现内容
农牧区金融体系在金融市场、金融组织、金融监管与创新以及金融生态体系四个方面表现出的差异性
新型城镇化进程中青海省农牧区差异化金融体系的重构
国内外农村金融体系实践借鉴、农牧区差异化金融体系构建模式和原则、差异化金融体系的重构内容

1.5 研究的主要内容

第1部分 将研究项目的选题背景、研究目的及意义、研究方法与研究思路、研究内容做说明介绍，尤其对国外农村金融、我国及西部地区城镇化、农村金融体系、农村金融供给与需求问题的相关研究文献进行归纳整理，进一步明确项目研究思路。

第2部分 系统梳理农村金融体系和新型城镇化的基本理论及研究成果，着重介绍城镇化发展理论、农村金融发展理论、农村金融供需理论和均衡价值理论、金融体系“功能观”理论的发展脉络。

第3部分 从自然区位和经济区位两个方面简单介绍青海省农牧区的整体情况，项目研究所界定区域的经济、社会发展情况，对研究者所选研究项目的地理区域具备大概的了解和认识。

第4部分 介绍青海省农牧区金融体系现状，从人口城镇化、产业城镇化、收入城镇化三个指标测评青海省新型城镇化的发展程度。

第5部分 对青海省农牧区金融体系支持新型城镇化进行实证分析，得出青海省海东市、海西州不同区域金融发展影响新型城镇化进程中的主要因素及其相关结论。

第6部分 分析新型城镇化进程中青海省农牧区金融体系存在的主要问题、成因及对策建议。

第7部分 依据新型城镇化进程中青海省农牧区金融需求与供给进行的调研分析，发现金融供给与金融需求的新特征。

第8部分 通过新型城镇化进程中青海省农牧区金融供给与需求融量分析，得出二者之间存在明显的缺口值，失衡发展问题依然存在。

第9部分 分析新型城镇化进程中青海省农牧区金融供给与需求存在哪些主要问题、成因及对策建议。

第10部分 根据金融市场体系、金融组织体系、金融监管与创新体系以及金融生态体系四个方面阐述新型城镇化进程中青海省农牧区差异化金融体系的表现内容，为重构差异化金融体系提供路径选择。

第 11 部分　借鉴国内外农村金融体系构建的实践经验，寻找差异化金融体系构建模式，明确差异化金融体系构建原则，重构新型城镇化进程中青海省农牧区差异化金融体系。

2　相关概念和理论基础

2.1　相关概念

2.1.1　新型城镇化的内涵

中国共产党第十八次全国人民代表大会明确提出要积极稳妥地推进新型城镇化，加快社会主义现代化建设。新型城镇化是以人的发展为核心理念，以城乡一体化发展、环境友好型发展为特征的城镇化。新型城镇化建设并不是一蹴而就的过程，要想真正了解新型城镇化的内涵，还必须深入剖析新旧城镇化的不同之处，从根本把握建设新型城镇化的脉络。

从目标上来看，新型城镇化与传统城镇化的重要区别在于，前者更看重经济与社会、城市与农村发展的环境和文化的融合，后者看重城市发展带动农村发展，片面迷信大城市的辐射作用。

从发展理念来看，新型城镇化更加重视人的城镇化，即人口平衡与经济社会活动在地理空间上的布局，城镇化的发展伴随着人们生活方式和生产方式的改变，形成梯度城镇化。

从可持续发展的角度看，新型城镇化最大的特点是它可以实现可持续发展，更加注重生态文明建设，旨在实现城镇化各个要素的全面融合。

2.1.2　金融体系的概念

在今天的现代经济体系中，“金融体系”一词有狭义和广义之分。狭义的概念是指金融体系范畴涵括了金融机构和金融市场。广义的金融体系被赋予了更广泛的功能，将金融调控、金融生态环境以及金融监管也纳入其中。

笔者认为，在新型城镇化建设的进程中，农牧区金融体系应纳入区域金融服务体系。区域金融服务体系不同于传统的农村金融体系，其特点是服务范围小、动态性强，是由金融市场体系、金融组织体系、金融监管及创新体系、金融生态体系组成的现代综合服务体系。

因此，农牧区金融体系的发展需要依靠农牧区发达的金融市场、完善的金融组织，不断创新的金融产品和融资方式以及良好的金融生态环境。在此基础上，发展新型城镇化，促进区域金融产业集群化的发展，增强农民致富的能力，使农牧区基础设施得到有效改善，最终实现农牧区经济的协调发展。

2.2 理论基础

2.2.1 城镇化理论

2.2.1.1 区位理论

区位论涵盖马克思的区位论、克里斯泰勒的中心区位理论、杜能的农业区位理论、韦伯的工业区位理论以及科洛索夫斯基的地域生产综合体论，[6]这些理论虽然有不同的侧重点，但是它们都揭示了区位理论的本质。总之，区位理论的中心观点是，城镇是社会生产的一种新模式，它在空间维度上具有使得社会生产中的各种物质要素和物质过程相互聚集的特征。

2.2.1.2 城乡结构转换理论

城乡结构转换理论主要有四个代表性理论：城乡二元结构论、就业结构转移论、城乡结构迁移论和城乡劳动力迁移论。其中，最具影响力的是城乡二元理论，这一理论为日后城镇化的发展提供了催化剂。城乡二元理论主要观点在于由于城乡发展过程中受到城乡二元经济结构的约束，使得城乡之间的发展不平衡，包括基础设施建设、社会保障服务、教育等方面。

2.2.1.3 非均衡发展理论

非均衡发展理论研究的视角是基于经济发展不平衡下城市化模式的选择，是发展中国家在进行城镇化进程初期所运用的一种理论。非均衡发展理论将区域经济与产业经济内涵有机地结合起来，阐述了产业集聚在区域经济发展中的作用及其与城市化发展的内在联系。

2.2.1.4 协调发展理论

协调发展理论的核心思想是以人和自然和谐相处以及可持续共存为基础探讨城镇化发展，认为在城镇化进程中不应以牺牲环境为代价，而应使得经济发展与环境保护之间存在一种协同作用，以促进城镇化的可持续发展。经典理论主要包括霍华德的田园城市理论、恩维的卫星城市论以及沙里宁的有机疏散论。

2.2.2 农村金融发展理论

2.2.2.1 农业信贷补贴理论

农业信贷补贴理论认为农业生产具有自身的特殊性，即农业易受自然灾害等不可抗力的影响，造成农民收入的不确定性。同时，由于大部分农产品属于季节性作物，生长周期较长，故农场主的投资期限会比其他行业更长。农业现代化的发展需要大量的资金支持，故政府有必要在农村设立一部分非营利金融机构来支持农业发展，关键点在于提供给农民较低的融资利率，较低融资成本，进而缩小农业与其他行业的收入差距。

2.2.2.2 农村金融市场理论

农村金融市场理论的代表观点主要有：一是其与农业信贷补贴理论

假说存在分歧，认为农村居民或贫困农民仍然有一定的储蓄，从外部注入资金是没有必要的。二是政府不应该采取低利率的政策，这样会降低农村居民储蓄的积极性以及无法反映真实的资金供求状况，抑制金融市场发展。三是由于借贷机构能够有效运作的资金主要依赖于借款者的信用程度即对外部依存度较高，借贷机构从某种意义上来说处于被动地位，而且其自身的坏账率也会相应提高。四是基于高利率的非正规金融体系不一定会消亡，因为农村资金具有一定的机会成本，非正规金融体系的存在具有一定的合理性。

2.2.2.3 不完全竞争市场理论

20 世纪 90 年代后期，亚洲爆发了历史罕见的金融危机，人们开始意识到仅仅依靠市场机制无法培育出有效率的金融市场，适度合理的政府干预是有存在意义的。西方学者通过研究发现，农村金融市场实则仍然处于一种不完全竞争状态，市场失灵的现象普遍存在，信息不对称性最为突出。由于债务人掌握的信息要多于债权人，因此在借贷双方之间就可能会发生逆向选择或是道德风险的危机，这将不利于农村金融市场的稳步发展，故认为农村金融市场不是一个完全竞争市场。

2.2.3 农村金融供需理论和均衡价值理论

2.2.3.1 农村金融供给和需求理论

“需求追随型”和“供给领先型”是由经济学家帕特里克首先提出来的。“需求追随型”是农村金融组织及相关金融服务的供给晚于农村经济主体的需求，其传导机制是：经济快速增长产生较强的金融需求带来金融机构的扩张和金融资产多元化组合需求，进而带来多元化的金融服务；“供给领先型”是金融是供给方，农村金融组织及金融服务的供给不断带动农村经济主体的发展，其传导机制是：金融机构扩张带来金融资产和金融服务的多元化，并不断刺激金融需求增多，最后推动投资和经济的飞速增长。这两种模式对应着不同的农村经济发展阶段，通常意义上，经济发达的地区适合“需求追随型”发展模式，经济相对落后地区适合“供给领先型”发展模式。

2.2.3.2 均衡价值理论

均衡价值理论先由马歇尔（1890）提出。均衡价格是供给价格和需求价格出现均等时的价格，也就是需求曲线和供给曲线相交时的均衡价格。需求价格是买者对一定数量商品愿意付出的价格，马歇尔认为需求价格受边际效用和需求弹性的影响；供给价格是卖者为提供一定数量商品所愿意接受的价格，生产要素的价格构成商品的供给价格。由于时间因素对均衡价格有影响，瞬时价格、短期价格和长期价格构成所谓的马歇尔三种价格。瓦尔拉斯认为马歇尔均衡是一种局部的价格均衡，多样化的商品在市场相互影响与制约，当所有商品供给与需求对等时，此时达到的价格均衡才是一般均衡价格。RobertC · Merton 和 Zvi Bodie（1995）在研究均衡的金融市场时，认为金融体系存在清算和支付结算、风险防范、空间和时间上转移资源、提供信息以及解决激励、储备资源和分割股份等六大功能，如果不能满足各个经济主体要求的控制交易成本、分散风险等金融需求，金融供给与需求就会出现结构上不匹配，金融市场的功能发挥将受到制约，非均衡的经济现象就有可能大量地存在于金融市场。

2.2.4 金融体系“功能观”理论

目前，关于金融体系应该如何构建的问题，理论界主要分为金融机构观与金融功能观两种流派。以戈德·史密斯为代表的金融机构论认为，在一定的经营环境下，参与金融市场的主体及金融组织形式都是不变的，且政府制定了一系列相关的法律体系，建立金融监管当局确保金融组织相对稳定地正常运行。然而，金融机构观仍然存在不足之处，即金融组织的运行会因经营环境的改变而变得无序，金融发展会抑制经济增长。因此，为了弥补金融机构观的缺陷，美国著名经济学家默顿和博迪就提出了金融功能观理论。

金融功能观认为金融功能比金融机构更趋于稳健，即随空间和时间变化，金融功能的实际变化要小于金融机构的变化。还得出结论金融机构应遵循金融功能的变化形式，即创新和竞争的机制是为了更好地发挥金融服务体系的功能。金融功能观认为金融体系的基本功能是实现经济资源在时间和空间上的有效配置。

3 青海省农牧区概况

3.1 青海省农牧区简介

青海向来有着“世界屋脊”的美称，这与其特殊的地理位置有着密切的联系。青海省地处青藏高原的东北部，是青藏高原重要的组成部分。青海省地域辽阔，全省面积为72.10万平方公里，境内自然地貌多样，高耸的山脉和绵延的河流纵横分布，勾勒出了奇特的高原景象。位于青海湖东侧的日月山是我国黄土高原与青藏高原的分界线，也是青海省内农业区与牧业区的分界线，也是青海省内农业区与牧业区的分界线。它是我国自然地理上一条非常重要的分界线。

在漫长的历史长河中，青海境内农耕文明与游牧文明以日月山作为划分的界限，且基本形成了以日月山为界的东部为农业区、西部为牧业区的格局。因此，如今的青海省农牧区仍然是以日月山为农牧业分界线，在区域地理位置上以青海湖为界，全省分为海东、海西、海北、海南等地区，其中海西州和海北州、海南州、玉树州、果洛州以牧业生产为主，西宁市和海东市基本从事以农业为主的生产活动，如图3.1所示。

图 3.1　青海省行政区划

3.2　研究区域界定

2014 年 5 月青海省人民政府颁布《青海省新型城镇化规划（2014—2020）》，规划蓝本纲要的提出旨在提升青海省农牧区新型城镇化的建设力度，也为青海省农牧区经济发展提供了新的动力。

为了研究青海省农牧区金融体系在新型城镇化进程中的发展现状，项目在研究区域上挑选了农区和牧区中新型城镇化试点的部分市县来进行具体分析。2014 年全国第一批国家新型城镇化综合试点城市出炉，海东市和海西州的格尔木市顺利入选，由此掀开了青海省新型城镇化建设新的篇章。

项目研究在新型城镇化和农牧区金融发展现状分析中选取了农区海东市的平安区和乐都区、牧区海西州的格尔木市和德令哈市作为研究对象。在后文论证金融发展和新型城镇化之间关系的实证分析及金融供给与需求、金融融量测算中，为了确保实证分析的结果具有代表性，选择海东市和海西州作为研究区域对象。

3.3 青海省农牧区区位分析

3.3.1 海东市

海东是青海省地级市。因位于青海湖以东而得名。位于东经 100°41.5′~103°04′，北纬 35°25.9′~37°05′，东西长 200 公里，南北宽 180 公里，总面积 1.32 万平方公里。海东气候属半干旱大陆性气候，矿藏资源和水能资源丰富。经济较为发达，人口居住相对集中，它是青海省重要的农业经济地区。

海东市辖两个市辖区：乐都区和平安区，行政政府所在地设在乐都区，还包括民和回族、化隆回族、互助土族、循化撒拉族四个自治县。海东市行政区划如图 3.2 所示。

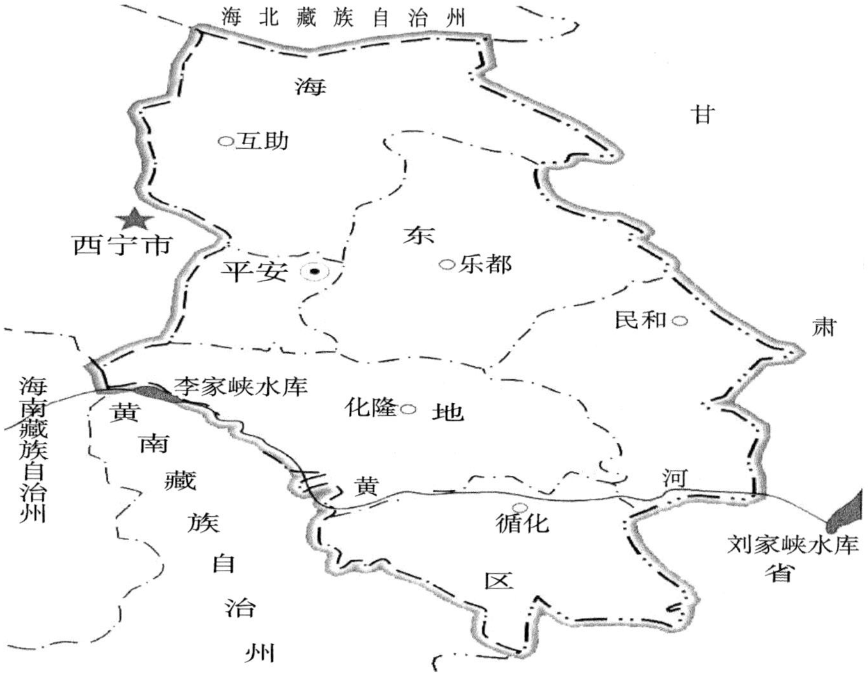

图 3.2 青海省海东市行政区划

3.3.1.1 乐都区

乐都区是中国最年轻的城市海东市的政府所在地，是海东市的政治、文化、经济中心。地处青海省东北部湟水南侧，总面积为3050平方公里。南北长33.6公里，东西宽23公里。它西与西宁市区为邻，东与民和县连接，南接化隆县，北边与互助县相望。乐都区是青海的农业区之一，是青海省东部地区农业生产大县，并有“蔬菜瓜果之乡”的美称。全县盛产小麦、青稞、豌豆、洋芋、蚕豆和油籽，并盛产苹果、花檎、软儿梨、桃、杏、核桃、葡萄等。蔬菜生产已形成产业优势，是青海省最大的蔬菜生产基地，开发“绿色食品”的潜力很大。第二产业主要以轻工业和乡镇企业为主，涉及的行业种类众多。

全区辖7镇12乡1个街道，354个行政村，是一个汉、藏、蒙、回、土等多民族聚居地区，其中川水地区包括有碾伯镇、高庙镇、洪水镇、雨润镇、高店镇和海东街道；北山地区有达拉土族乡、寿乐镇等8个乡（镇）；南山地区包括有中坝、下营、瞿昙镇等6个乡（镇）。

3.3.1.2 平安区

平安区东靠海东市乐都区，地处东经101°49′，北纬36°15′，也是青海省东部经济较为发达的地区之一，是早期海东市政府行政所在地。平安区境内大部分地区为山区，大部分地区海拔2066~2300米。境内气候复杂多变，地区农业生产在空间布局上具有较大的差异性，形成明显的川水、浅山、脑山三大农业类型区域。

农业、工业为主要经济支柱产业。农业为传统产业，乡镇企业以农副产品加工、冶炼、建工建材、饮食为主，且规模不断增大，增长迅速。平安区包括平安镇、小峡镇、三合镇3个镇和沙沟回族、寺台乡等6个乡。

3.3.2 海西州

海西蒙古族藏族自治州，由于位于青海湖以西而得名，自治州首府在德令哈市。它是青海、甘肃、新疆三省区交汇的中心地带，也是进出西藏的重要通道。全州总面积 32.58 万平方公里，占青海省总面积的 45.17%。它包括德令哈、格尔木两个县级市，以及其他三个县级行政委员会。东部三县一市为农牧区，西部一市三行委为工矿区，如图 3.3 所示。

图 3.1 青海省西州行政区划

3.3.2.1 德令哈市

德令哈市是海西东部经济区中心，位于柴达木盆地东北边缘，地理位置处于东经 96°15′~98°15′，北纬 36°55′~38°22′。德令哈市辖 3 个街道、3 个镇、1 个乡，总面积 2.77 万平方公里，市区海拔 2980 米，共有蒙古、藏、回、撒拉、土、汉等 19 个民族，蒙古族为主体少数民族。

德令哈市位于青海省西北部，属高原大陆性气候区，具有高寒缺氧、空气干燥、少雨多风、年内四季不分的特点。德令哈市地处青藏高原，日照充足，阳光充沛，日光辐射量大，湖泊资源丰富，土地资源、矿产资源占青海省的比例较大，德令哈市境内还有丰富的野牦牛、野驴、雪豹、麝、岩羊、黄羊、雪鸡和沙棘、枸杞、锁阳等驰名中外的野生动植物资源。

3.3.2.2 格尔木市

“格尔木”是蒙古语音译而来，意思是河流密集的地方，其地处青海省西部、青藏高原腹地，长江和澜沧江皆发源于此。市区是世界上辖区面积最大的地区，平均海拔 2780 米，属高原大陆性气候。盆地地势平坦，盐湖、碱滩、沼泽众多，号称“盐湖之王”，察尔汗盐湖就位于该区域。

农牧业生产主要以小麦、青稞、马铃薯和绵羊为主。唐古拉山地区的野牦牛、白唇鹿、雪豹、雪莲都是高原特有的非常珍贵的稀有品种，该地区也是青海省重要的野生动植物自然保护区。格尔木市包括 5 个街道、2 个镇、2 个乡和 1 个国家级经济技术开发区。

3.4 青海省新型城镇化试点地区分布

2014—2016 年由国家发改委等 11 个部门联合发布通知，连续三年推出三批《国家新型城镇化综合试点地区》，共有 248 个省市地区与城镇成为试点地区，并为推进我国新型城镇化试点工作制定相关法规政策，青海省也被列为国家试点省份与地区之一。青海省试点工作最早是从海东市和海西地区开始，也推开了两个地区以此为契机使得经济、社会以及民生全面长远发展的局面，如表 3.1 所示。

表 3.1　青海省新型城镇化试点地区（市）城镇分布

时间	主要地区
第一批（2014.2）	海东市、格尔木市
第二批（2015.11）	海北州门源县、西宁市
第三批（2016.12）	海北州海晏县、海南州贵德县、果洛州玛沁县、海东市循化县街子镇

资料来源：国家发改委相关文件资料整理。

4　青海省农牧区金融体系及新型城镇化的现状

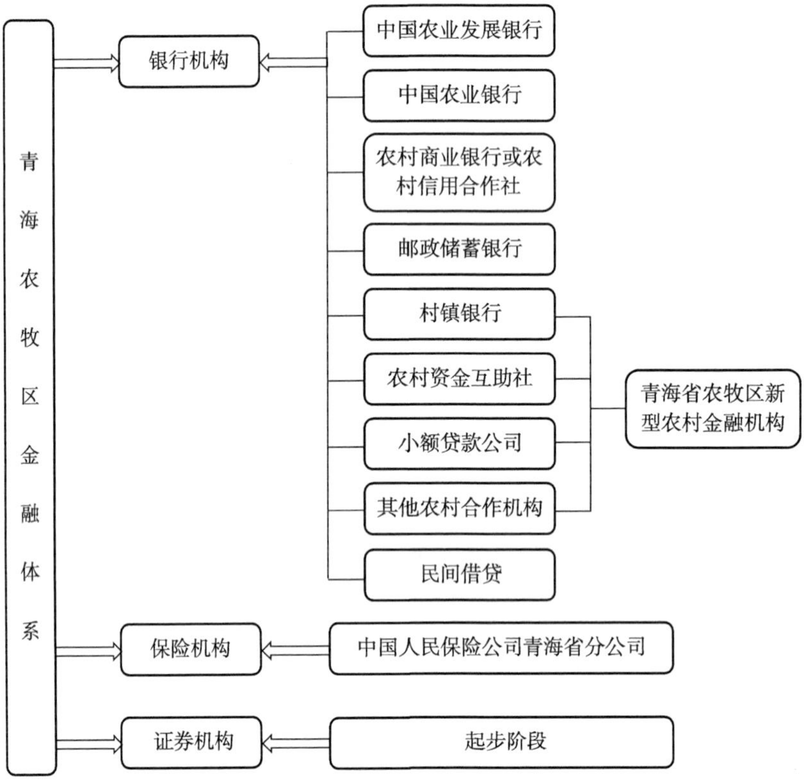

图 4.1　青海省农牧区金融体系框架

4.1　青海省农牧区金融体系发展现状分析

4.1.1　青海省农牧区金融体系总体发展情况

青海省农牧区先行的金融体系仍由传统的银行业、保险业和证券业三部分构成，其基本框架如图 4.1 所示，下面对这三个金融行业分别展开分析。

4.1.1.1　青海省银行业发展基本情况

从省情来看，金融组织体系服务于农村发展的好坏直接影响到区域范围内金融市场的稳定。近年来，青海省不断推进农村金融改革，青海省银行业也呈现出稳定的发展态势，金融机构逐年增加，各金融机构的资产规模扩张迅速，青海省经济增量明显。近五年青海省主要银行业金融机构情况如表 4.1 和表 4.2 所示。

表 4.1　青海省主要银行业金融机构情况

年份	政策性银行			大型商业银行			股份制商业银行		
	机构个数	从业人数	资产总额（亿元）	机构个数	从业人数	资产总额（亿元）	机构个数	从业人数	资产总额（亿元）
2012	27	609	1136	411	9514	2399	2	135	165
2013	27	648	1351	425	9842	2753	4	284	222
2014	27	577	1653	430	9798	2815	17	445	419
2015	27	571	2096	432	9631	2936	28	771	551
2016	27	548	2178	426	9504	3030	26	919	589

资料来源：青海省金融运行报告资料整理（2012—2016）。

表 4.2　青海省主要银行业金融机构情况

年份	小型农村金融机构			邮储银行			新型农村金融机构		
	机构个数	从业人数	资产总额（亿元）	机构个数	从业人数	资产总额（亿元）	机构个数	从业人数	资产总额（亿元）
2012	363	3146	535	170	905	166	3	42	8
2013	373	3558	651	177	921	201	1	41	11
2014	376	3534	726	180	937	215	4	51	14
2015	345	3985	951	181	900	272	3	105	14
2016	376	4344	1031	181	961	300	96	1175	75

资料来源：青海省金融运行报告资料整理（2012—2016）。

从表 4.1 和表 4.2 可以看出，近五年青海省涉农的金融机构发展较为平稳，表现为从业人员逐年增加以及资产总额逐年扩大。涉农金融机构中从业人员的逐年增加，表明农村的金融需求逐年增多，农户和农企的金融意识有所强化。横向对比来看，青海省内银行类金融机构仍以正规金融体系为主，截至 2016 年底，新型农村金融机构的资产总额为 75 亿元，机构个数增长至 96 个。因此可以发现，加大对新型农村金融机构的建设力度，是青海省金融市场能够快速发展的着力点。

4.1.1.2 青海省保险业发展基本情况

自我国《国务院关于保险业改革发展的若干意见》颁布起，2007 当年国家财政拨出 10 亿元专项补贴资金，再加配套的地方财政资金，积极为农业安全生产提供保障。农业保险由此出现了快速发展的良好势头，农险经营的外部环境得到彻底改善，当年全国实现保费收入 51.8 亿元，加大对粮食、油料、生猪、奶牛生产的各项政策扶持，粮食作物等政策性农业保险的试点范围不断扩大，险种增加到二十多种，支付的保费赔偿额也稳步增加。

目前青海省的涉农保险（主要是财险）全部由中国人民保险公司青海分公司经营，从 2007 年开始，农牧区农业保险的服务机构不断健全完善，形成严密的五级组织层次架构，如图 4.2 所示。同时，农业保险的品种、覆盖率和农业保费的收入、赔付率不断递进。由表 4.3 可以看出，青海省保险业在过去五年中发展迅速，保险效益显著提升。保险密度从 2012 年的 565 元/人提高至 2016 年的 1159 元/人，增长了 594 元/人，体现出近几年青海省人民参与投保的积极性显著提高。同时，青海省政府积极响应党中央关于服务“三农”的政策方针，大力推进农业生产保险的覆盖力度，2016 年农业险的保费收入达到 2.67 亿元，相比 2012 年，增长了 1.77 个百分点，如表 4.3 所示。

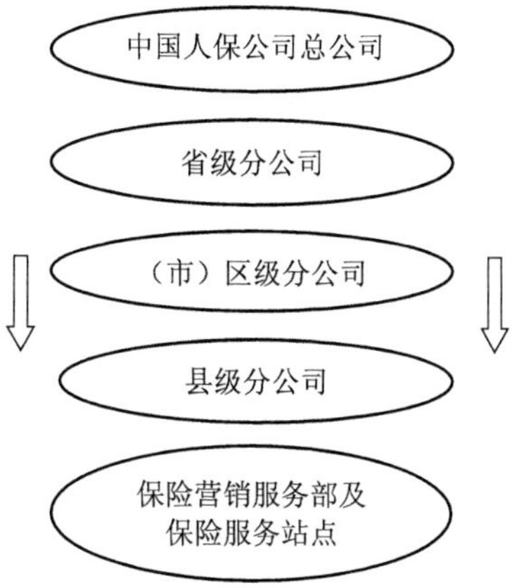

图 4.2　中国人保公司青海省分公司组织架构

表 4.3　青海省保险业发展基本情况

年份	涉农保险公司分支机构（家）	保费收入（亿元）	各类赔款给付（亿元）	农业险保费收入（亿元）	保险密度（元/人）	保险深度（%）
2012	1	32.4	10.9	0.9	565	1.7
2013	1	39	15.3	1.3	676	2
2014	1	46	18	1.4	791	2
2015	1	56	20	2.08	957	2
2016	1	69	27	2.67	1159	3

资料来源：青海省金融运行报告及金融机构调研资料整理（2012—2016）。

从 2011 年青海省政府下发了农业保险实施方案开始，青海农业保险业务一直保持高速增长的活力，保险公司对农业和畜牧业保险的种类逐年增加，质量和效益也逐年提高。据相关资料显示，2014—2016 年，青海省新增林木种苗保险、藏香猪保险和蔬菜价格指数保险，保险种类的多样化逐步与农户及农企保险需求相匹配。同时，青海省农业保险服务网络也在逐步完善，各级乡镇分别建立了“三农三牧”保险营销服务部及保险服务站点，这对切实解决青海省农牧区“三农三牧”问题具有深远意义。

4.1.1.3 青海省证券业发展基本情况

2014 年 11 月中旬央行决定下调存款和贷款的基准利率，本次降息的目的在于缓解中小微企业贷款难的局面以及激活资本市场中资金的流动性。2015 年中国的资本市场迎来了沉寂 7 年后的繁荣，证券期货市场交易活跃，A 股市场的成交量也创出了近 2 万亿元的历史新高。由此可见，我国的证券业呈现出蓬勃发展的态势。

目前，我国的证券业发展仍呈现出区域发展的不平衡性。就证券公司、基金公司和期货公司的分布而言，超过 70%的机构都分布在东部经济发达地区，内陆及西北欠发达地区的机构数量占比偏低，甚至没有。就国内上市公司而言，东部地区上市公司的比例远远超过中西部地区，这导致 A 股市场融资也体现出区域不平衡的特点。2016 年我国各地区证券业分布如表 4.4 所示。

表 4.4　2016 年我国各地区证券业分布情况　　单位:%

内容	东部	中部	西部	东北	全国
证券公司数	69.6	9.6	16.0	4.8	100.0
基金公司数	98.0	0.0	2.0	0.0	100.0
期货公司数	73.3	10.0	10.7	6.0	100.0
年内境内上市公司	66.1	14.3	14.3	5.3	100.0
当年 A 股筹资额	66.7	10.3	18.6	4.4	100.0
当年国内债券筹资额	64.4	15.2	16.9	3.6	100.0

资料来源：中国各区域金融运行汇总报告资料整理（2016）。

青海省由于地处青藏高原东北部，省内地形复杂多样，生态环境脆弱，这些都会制约省内整体经济发展。然而，受制于其自身地理区位及经济条件的影响，省内金融市场的发展仍存在内在动力不足的问题。青海省内总部设在辖内的证券公司数量近五年基本不变，但证券机构的布局范围在不断扩大。与此同时，证券公司的经纪业务也逐渐由传统业务向多元化经营转变，这对提高青海省资本市场的活跃性具有重要意义。

从融资结构来看，青海省企业通过 A 股市场的融资额较低，截至 2016 年末 A 股筹资额仅为 53 亿元。多数公司仍选择发行公司债进行融资，直接融资渠道过于单一，这主要是因为青海省内中小企业自身的资产规模难以满足国家 IPO 的基本标准，具体情况如表 4.5 所示。

表 4.5 青海省证券业发展基本情况

年份	辖内证券公司营业部（家）	辖内基金公司总部（家）	辖内期货公司总部（家）	上市公司（家）	A 股筹资额（亿元）	债券筹资额（亿元）
2012	—	0	1	10	3.4	199
2013	17	0	1	10	0	189
2014	18	0	1	10	0	216
2015	21	0	1	10	67	260
2016	—	0	1	12	53	-59

资料来源：青海省金融运行报告资料整理（2012—2016）；“—”表示数据缺省。

4.1.2 青海省农牧区海东市、海西州金融体系发展情况

4.1.2.1 海东市农村金融体系发展现状

2013 年，国务院正式批准撤销海东地区设立地级海东市，这对海东市未来的经济发展和城镇化建设将起到促进作用。2014 年，海东市入选首批新型城镇化试点市县，这极大地激发了海东市各县域的经济活力，农业现代化进程和城镇化建设迎来了新一轮的增长空间。随着新型城镇化建设的推进，各经济主体也萌发了多样化的金融需求，海东市金融机构积极布局县域金融市场，合理配置金融资源，基本形成了多层次、网络化、城乡一体化的金融布局。

截至 2016 年末，海东市银行类机构、保险类机构、担保机构在海东市县域均有布局，金融组织体系日趋完善，基本消除了金融服务空白的乡镇。“十二五”期间，海东市银行等金融机构不断拓广业务范围，加强金融创新，积极探索金融支持新型城镇化建设的新路径，基本形成了以政策性银行、股份制商业银行、农村商业银行、农村信用合作社、

邮政储蓄及新型农村金融机构共同组成的银行业金融服务体系，全市融资需求得到一定的满足。到 2016 年末，海东市新增金融机构 11 家，机构总数达 165 家，海东市银行业金融机构存款余额 591.49 亿元，比 2015 年底增加 69.39 亿元；各项贷款余额 289.65 亿元，比 2015 年底增加 35.85 亿元。涉农贷款余额 174.83 亿元，比 2015 年底增加 15.89 亿元，有力地支持了农牧业生产和河湟流域“百里长廊”特色农业、绿色产业园的实施和农业发展。同时，成功设立了乐都三江村镇银行，该行是海东市首家新型农村金融机构，于 2015 年正式营业，从业人员 30 名。乐都三江村镇银行的经营理念旨在解决县域范围内小微企业贷款和农户小额贷款难等问题，希望打造一个方便村镇居民、支持“三农”经济发展以及新型城镇化建设的现代新型农村服务机构。

近几年，伴随农村金融服务体制综合改革的深化，海东市新型农村金融机构发展较为迅速，基本形成了惠及“三农”和城镇化建设的长效支持机制。2016 年底，海东市设立扶贫资金互助会 51 家，全市小额贷款公司达 17 家，注册总资本达 5.4 亿元；全市担保公司达 12 家，注册资本金达到 6.31 亿元，其中为开展“三农惠民”贷款，注入担保资本金 1.71 亿元。到 2016 年底海东保险金融机构已达 66 家，但经营农业和农村保险业务的机构只有中国人民保险公司青海分公司 1 家，全年保险行业保费收入 80976.44 万元，比上年增长 13899.95 万元，其中农业保费 2409.54 万元，比上年增长 2.47 万元，但农村证券市场处于起步状态。可以看出海东市在进行农村金融服务体制改革的进程中一直都保持着较大的活力，只有建立完善的农村金融支持体系才能更好地服务于城镇化建设，进而实现海东市的农业现代化和工业化发展。

4.1.2.2 海西州农村金融体系发展现状

近几年，海西州的经济发展质量和效益显著提升，各项经济指标表现优异。截至2016年末，海西州人均GDP突破95651元，位居青海省第一；经济总量达486.96亿元，位居全省第二。作为国家级循环经济发展先行区，海西州政府一直践行着求真务实的工作理念，不断优化及创新海西州的产业结构，进一步促进了海西州的经济增长，并使得海西州逐步发展成青海省经济增长的重要引擎。

目前，海西州正处于新型城镇化建设加速推进期和全面深化改革攻坚期，金融作为现代经济的核心，对经济社会发展起到了重要的支持作用。随着新型城镇化建设的不断推进，海西州政府不断深化金融体制改革，实现了新型城镇化发展、经济发展和金融发展三者的良性互动，并取得了很大的成效。截至2016年末，海西州辖内金融机构各项存款余额达513.9亿元，年均增长4.7%；各项贷款余额达430.9亿元。城镇居民收入和农牧民纯收入分别为27720元和11539元，分别比上年增长9.1%，7.7%。由此可见，金融资源在城乡统筹过程中的合理分配有效地促进了人民生活质量的提高，也促进了全州经济社会的发展。

现阶段，海西州银行业基本形成了包括政策性银行、商业银行、农村商业银行、农村信用社、邮储银行、小额贷款公司为参与主体的市场竞争格局。截至2016年末，海西州辖内有19家银行业机构，营业网点131个，全州金融机构人民币贷款余额为430.9亿元，银行业整体运行平稳，组织体系较为完善。如图4.3所示，农村信用社分支机构在全州银行业机构中占比较高，对全州的农牧业发展和新型城镇化建设起到了重要支持作用，是海西州农村金融体系中的主力军。

同时，海西州各金融机构也积极致力于提升金融服务新型城镇化发展的质量，创新现有的金融产品，为农牧区中小企业提供综合性金融服务。例如，2016年加大了对盐湖集团等新能源公司项目的金融支持力度，充分引进社会资本参与城镇化建设项目，建立健全融资担保行业发

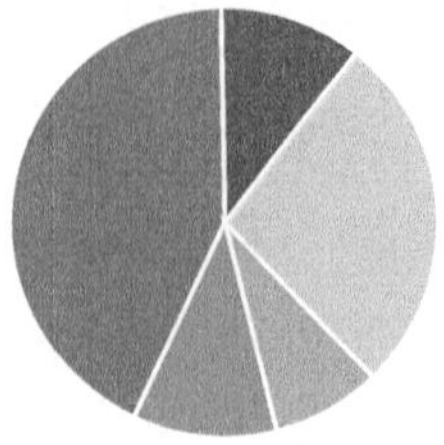

图 4.3　青海省海西州银行业机构分布

展，贷款门槛不断降低，养殖、种植、农业产业化龙头企业以及农村基础设施建设等方面的金融支持力度逐渐增强。截至 2016 年底海西州保险金融机构已达 43 家，但经营农业和农村保险业务的机构只有中国人民保险公司青海分公司 1 家，保费收入 62228.58 万元，比上年增长 11418.4 万元，其中涉农保险 3166.42 万元，比上年增长 2441.4 万元，农牧民参加新型农村合作医疗的参合率达 99%，但农村证券市场依然处于起步阶段。

4.2　青海省农牧区新型城镇化发展现状分析

2000 年西部大开发战略实施以来，青海省城镇化体系建设步伐逐步加快，具有青海特色的城镇化模式逐渐形成。伴随着省域内经济的迅速发展和基础设施条件的改善，青海省的城镇化进程呈现出加速发展的态势。由表 4.6 可知，青海省城镇化率由 2012 年的 36%增至 2016 年的 41.06%，省内部分地区的城镇化水平甚至还超过了全国平均城镇化水平，如 2015 年格尔木市的户籍人口城镇化率就高达 94.63%，成为各州县推行新型城镇化的典范。

表 4.6　全国和青海省城镇化率发展情况表　　单位：%

指标名称	2012	2013	2014	2015	2016
全国城镇化率	52.57	53.73	53.73	56.1	57.35
青海省城镇化率	36	44.26	47.95	40.85	41.06
海东城镇化率	28.79	33.11	33.14	27.17	28
海西城镇化率	71.69	91.91	91.95	69.15	69

资料来源：中国统计年鉴和青海省统计年鉴资料整理（2013—2017）。

虽然，青海省近五年的城镇化水平一直保持稳步上升的趋势，但是受地域因素及自身经济条件的影响，青海省城镇化率与全国同期城镇化率相比仍然处于偏低水平。从图 4.4 可以清楚地发现，2012—2016 年，青海省平均城镇化率一直低于全国平均水平，海东和海西的城镇化率水平更低。因此，在经济新常态下，如何有效地评估新型城镇化水平及提高青海省城镇化率成为青海省政府要解决的重要问题。

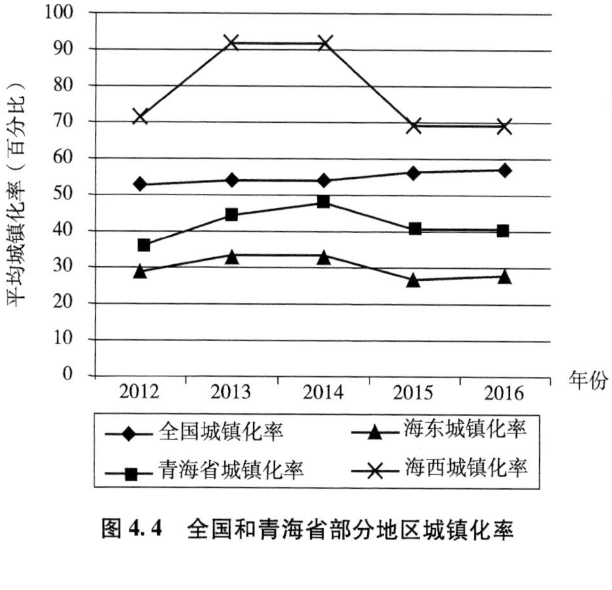

图 4.4　全国和青海省部分地区城镇化率

4.2.1　测度指标体系构建

新型城镇化发展模式新在以人为本的核心理念，工作的重心从以城市发展为中心转变到城乡一体化发展，关注农民的市民化，农村与城镇的合作与融合，产业支持城镇化发展的力度，以及缩减城乡收入差距的幅度。因此，为了测度一个地区的新型城镇化的发展水平，有必要多角度考量。基于新型城镇化的内涵，研究借鉴了赵静（2015）[①] 所构建的三个综合指标来反映新型城镇化的发展水平，如表 4.7 所示。

表 4.7　新型城镇化水平评价指标体系

指标名称	指标公式
人口城镇化率（UR）	城镇化率＝非农人口/总人口
产业比率（IR）	产业比率＝（第二产业产值+第三产业产值）/GDP
收入比率（ER）	收入比率＝城镇居民人均可支配收入/农村居民人均纯收入

4.2.2　青海省农牧区新型城镇化测度

4.2.2.1　人口城镇化率

新型城镇化注重生态环境和城镇产业的协调发展，协调发展的基础是人与人之间的和谐相处，故人口城镇化率比土地城镇化率更能反映出新型城镇化的发展水平。因此，本书用 UR 来表示人口城镇化率，公式如下：城镇化率＝非农人口/总人口。

研究区位定位于青海省农牧区，故依据青海省新型城镇化建设的实际情况，笔者选择农牧区四个地区作为研究区域范围，分别为平安区、乐都区、格尔木市和德令哈市。农牧区四个地区 2004—2016 年城镇化发展情况如表 4.8 所示。

表 4.8　青海省农牧区四个地区城镇化发展状况

年份	平安区		乐都区		格尔木市		德令哈市	
	城镇化率（%）	非农人口（万人）	城镇化率（%）	非农人口（万人）	城镇化率（%）	非农人口（万人）	城镇化率（%）	非农人口（万人）
2004	27.19	3.03	14.48	4.11	81.97	9.11	63.77	3.89
2005	27.82	3.04	14.65	4.11	80.31	9.18	63.79	3.97
2006	28.90	3.31	14.87	4.22	80.12	9.27	61.70	4.06

① 赵静．金融发展支持西部城镇化的路径研究［D］．西北大学．2015

续表

年份	平安区		乐都区		格尔木市		德令哈市	
	城镇化率（%）	非农人口（万人）	城镇化率（%）	非农人口（万人）	城镇化率（%）	非农人口（万人）	城镇化率（%）	非农人口（万人）
2007	29.74	3.49	15.30	4.38	80.04	9.42	59.89	4.10
2008	30.15	3.59	16.21	4.67	79.57	9.53	59.61	4.18
2009	30.46	3.71	16.63	4.83	79.17	9.60	59.45	4.28
2010	30.25	3.68	17.20	4.86	79.10	9.74	59.04	4.33
2011	33.05	4.10	17.82	5.09	95.45	11.94	76.10	5.63
2012	33.26	4.18	43.49	12.55	97.56	12.65	77.02	5.78
2013	39.25	5.01	43.93	12.79	98.30	13.07	77.29	5.87
2014	39.38	5.07	44.24	12.96	98.76	13.42	77.07	5.91
2015	43.65	5.52	33.66	9.67	94.63	12.76	62.30	4.56
2016	44	5.66	34	9.72	94	12.80	65	4.76

资料来源：青海省统计年鉴资料整理（2005—2017）。

从表4.8横向对比来看，农区和牧区的城镇化发展水平存在很大的差异性。海东的平安区和乐都区2016年城镇化率均低于45%，而海西州的格尔木和德令哈市2016年城镇化率均高于65%。其主要原因在于不同地区的资源禀赋存在差异，农牧民市民化的进程缓慢，农牧区剩余劳动力转移到城镇受阻。

纵向来看，2004—2016年，青海省农牧区四个地区的新型城镇化平均水平有了明显的提高，农牧区整体的城镇化率呈现出向上增长的态势，这和试点新型城镇化建设是密不可分的。

4.2.2.2 产业比率

一味地看重城市经济发展而忽视城乡统筹发展是传统城镇化发展模式的弊病，城乡统筹发展的前提是要实现城镇产业结构的升级，也就是说新型城镇化的发展必须以产业为支撑力量。这里所说的产业主要是指第二产业和第三产业，所以选择衡量新型城镇化经济发展的另一个产业比率指标公式表示如下：产业比率=（第二产业产值+第三产业产值）/GDP。

如图 4.5 所示，2004—2016 年青海省农牧区四个地区的产业城镇化率呈现逐年增长的趋势特点。与青海省的产业城镇化率相比，格尔木市和德令哈市的产业城镇化率均高于全省平均水平，二、三产业发展对当地 GDP 贡献程度较大。而海东市乐都区的产业比率低于省内平均水平。二、三产业发展对当地 GDP 贡献程度较小。

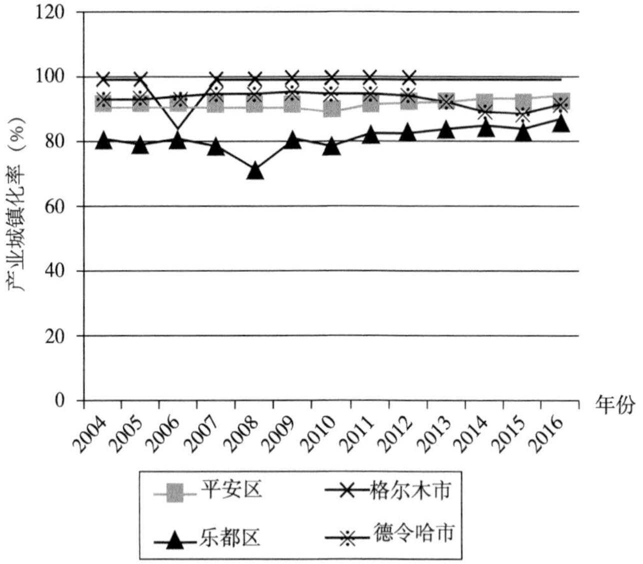

图 4.5　青海省农牧区四个地区产业城镇化发展状况

产业比率是用来衡量新型城镇化进程中区域内产业结构调整的情况。通过纵向对比分析，这十余年青海省农牧区中第一产业对于当地生产总值的贡献度在不断下降，第二、第三产业占当地 GDP 的比重呈现上升趋势，即产业城镇化率逐年提高，区域的产业结构调整也取得了效果，具体发展情况如表 4.9 所示。

通过横向对比分析，农区和牧区的产业城镇化发展存在一定的差异性。由表 4.9 可知，近五年农区的平安区和乐都区产业比率数值都在

90%左右波动，而牧区的格尔木市和德令哈市产业比率在95%左右波动，农区和牧区之间的差值为5%。由此可见，农区和牧区由于资源禀赋的不同所开展的产业链条也不同，二、三产业对当地GDP的贡献程度也会呈现差异性。

表 4.9 青海省农牧区四个地区产业比率和生产总值

年份	平安区		乐都区		格尔木市		德令哈市	
	产业比率（%）	生产总值（万元）	产业比率（%）	生产总值（万元）	产业比率（%）	生产总值（万元）	产业比率（%）	生产总值（万元）
2004	90. 33	91635	80. 53	125620	98. 71	439569	92. 76	86300
2005	90. 67	113100	78. 84	141414	98. 92	567251	92. 86	105012
2006	90. 77	132344	80. 44	163716	83. 44	734176	93. 95	134029
2007	90. 44	159154	78. 67	199882	99. 07	901989	94. 48	174351
2008	90. 42	192704	70. 95	242283	99. 33	1369971	94. 58	218203
2009	90. 85	210335	80. 60	273522	99. 36	1620791	95. 31	269927
2010	89. 02	257013	78. 53	353126	99. 13	2000645	94. 58	328206
2011	90. 70	335288	81. 92	473624	99. 12	2425144	94. 59	421373
2012	91. 77	411750	82. 87	550069	99. 13	2899966	93. 92	473385
2013	92. 17	511685	83. 66	680929	98. 92	3188835	91. 96	496429
2014	93. 34	605709	84. 76	733862	98. 60	2921071	89. 27	445842
2015	93. 49	686426	83. 53	125620	98. 51	2852412	88. 33	483370
2016	93. 79	681600	86. 20	853000	98. 50	2985000	91. 30	621000

资料来源：青海省统计年鉴资料整理（2005—2017）。

4. 2. 2. 3 收入比率

城乡一体化是新型城镇化建设中的重要任务，其根本立足点在于如何更好地去进行城乡资源配置以期达到缩小城乡收入差距的目标。从全国范围来看，随着新型城镇化建设的不断推进，中国整体的城乡贫富差距正在逐步缩小，基尼系数呈现下降的趋势。青海省2014年开始实施新型城镇化战略以来，农牧区的人均纯收入呈现出逐年递增的趋势，并且增速相比传统城镇化进程提高了很多。

如图4. 6所示，无论是农区还是牧区在城镇化建设过程中，农牧民的收入水平都得到了改善。然而，由于各县域经济发展水平存在差异性，故农牧民的创收依然存在高低之分，其中格尔木市由于地理位置和资源禀赋优越使得其农村人民纯收入水平远远高于其他三个地区。从总体上来说，以四个地区为代表的农牧区整体农村居民收入水平依然呈现逐年上升趋势并且增速较快，这与近十年青海省农牧区实行城镇化发展战略以促进区域经济发展是密不可分的。需注意的是，由于青海省统计年鉴 2005—2010 年农村农民人均纯收入用的旧口径，而 2011—2016 农村农民人均纯收入的统计数据依据的新口径进行整理，所以本文的时间序列只能选取 2011—2016 的资料，据此分析出青海省农牧区四个地区农村居民人均纯收入趋势。

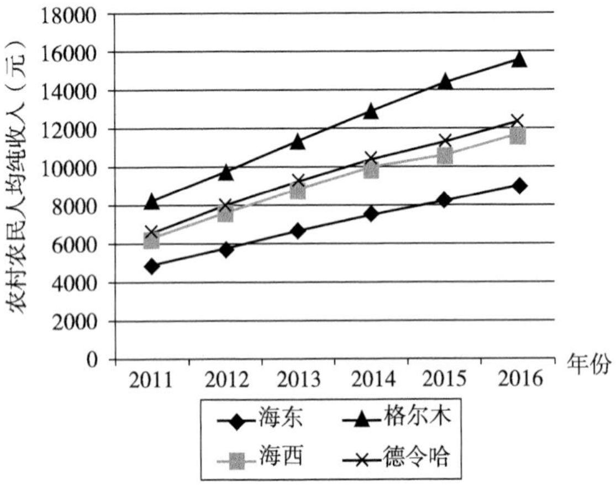

图 4.6　青海省农牧区四个地区农村居民人均纯收入趋势分析

为了进一步探究新型城镇化建设是否缩小了城乡收入差距，采用收入比率这一相对量指标来反映青海省农牧区新型城镇化的发展现状。由于县域的绝对量数据不足以代表整个州或市的城乡收入差距情况，因此，在收入比率这一指标上，选取了海东市和海西州的数据来更准确地体现城乡收入差距的变化情况。

由图 4.7 可以看出，2011—2016 年青海省农牧区城乡收入差距明显呈现逐年缩小的趋势，这主要缘于 2014 年之后青海省加大了对城镇化向新型城镇化转化的建设力度，农民增收成为现实，进而农牧区的收入比率呈现出逐年下降的特点。

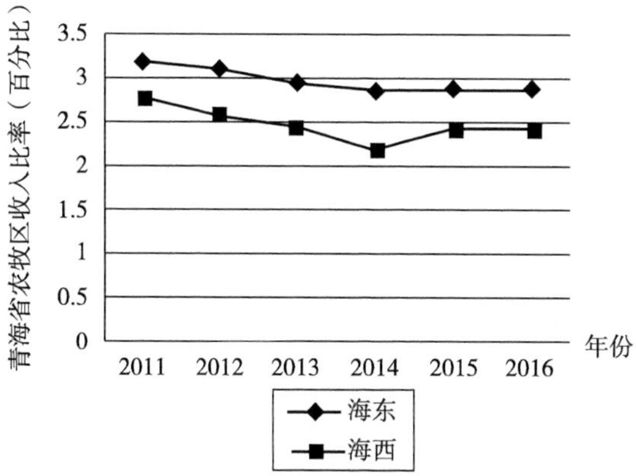

图 4.7　青海省海东市、海西州农牧区收入比率

5 金融体系支持青海省农牧区新型城镇化实证研究

5.1 指标选取及模型选择

5.1.1 指标选取及数据来源

本章通过对青海省农牧区新型城镇化发展中金融支持作用的实证分析，进一步探讨金融体系与青海省农牧区新型城镇化建设的关系。

在新型城镇化发展指标体系中，本章从人口、产业、收入城镇化三个维度构建了相应的指标。人口、产业、收入城镇化率分别用 PU、IU、SU 表示。

在农牧区金融发展的衡量标准上，考虑到青海省农牧区金融市场整体发展不是很成熟，本章从金融总量、融资结构、金融效率三个方面来构建相应的指标。其中，金融总量（TF）的计算公式为年末金融机构存贷款总量与 GDP 的比值；由于青海省农牧区直接融资渠道狭窄，长期间接融资为主，融资结构（FS）的公式为年末金融机构中长期贷款余额与年末贷款余额的比重；金融效率（FE）主要考察的是储蓄转化为投资的效率，因此其公式为年末金融机构贷款余额与存款余额的比重。

在两类指标具体数据的选取上，本章综合考量了青海省农牧区的区位因素和经济发展状况后，为了充分保证数据资料的真实性、可靠性、严谨性以及代表性，本章选取了 2005—2016 年时间序列数据。其中，农区主要选取海东市的相关数据，牧区主要选取海西州的相关数据，所选取的数据都来源于2006—2017年的《青海省统计年鉴》。

5.1.2　模型选择

依据本章所构建的指标体系以及要研究的问题，笔者认为在计量模型的选择上应使用多元线性回归模型（Multiple Linear Regression Model）。在对相应数据进行对数处理后，构建以下三个计量模型，如公式5.1。

$$\begin{aligned}
\ln PU &= \beta + a\ln TF + b\ln FS + c\ln FE + \mu \\
\ln IU &= \beta + a\ln TF + b\ln FS + c\ln FE + \mu \\
\ln SU &= \beta + a\ln TF + b\ln FS + c\ln FE + \mu
\end{aligned} \tag{5.1}$$

其中，β是常数项，μ是随即干扰项，*PU*，*IU*和*SU*是被解释变量，*TF*，*FS*和*FE*是解释变量，且三个解释变量之间不存在共线性问题。

5.2　农村金融发展与新型城镇化发展之间相关性的实证研究

5.2.1　数据的平稳性检验

由于本文所使用的数据是时间序列数据，因此在进行数据分析之前要对时间序列数据进行平稳性检验，以防止伪回归现象的发生。

表5.1　青海省海东市各变量ADF检验结果

序列	检验形式（C，T，K）	ADF值	1%临界值	P值
lnPU	（0，0，3）	-2.982	-2.886	0.008
lnIU	（0，0，3）	-5.935	-3.007	0.000
lnSU	（0，0，3）	-3.612	-3.007	0.004
lnTF	（0，0，3）	-3.874	-3.007	0.003
lnFS	（0，0，3）	-3.921	-3.007	0.003
lnFE	（0，0，3）	-4.755	-3.007	0.000

注释：检验形式中的C表示带有常数项，T表示带有趋势项，第三个参数表示滞后阶数，依据AIC准则进行选择。

表 5.2 青海省海西州各变量 ADF 检验结果

序列	检验形式（C，T，K）	ADF 值	1%临界值	P 值
LnPU	（0，0，3）	-17.245	-2.937	0.000
lnIU	（0，0，3）	-3.768	-2.937	0.002
lnSU	（0，0，3）	-5.571	-3.007	0.000
lnTF	（0，0，3）	-3.746	-3.007	0.003
lnFS	（0，0，3）	-4.554	-2.937	0.000
lnFE	（0，0，3）	-5.159	-3.007	0.000

注释：检验形式中的 C 表示带有常数项，T 表示带有趋势项，第三个参数表示滞后阶数，依据 AIC 准则进行选择。

由表 5.1 和表 5.2 的检验结果可以知晓，对数处理后的原始序列在置信水平 1%下是非平稳的时间序列。在对各变量进行三阶差分以后发现，海东市和海西州的各变量三阶差分数据在置信水平 1%下是平稳的，即 lnPU，lnIU，lnSU，lnTF，lnFS，lnFE 为三阶单整序列。因此，可以初步判定各变量受到相同因素影响表现出相同趋势，各变量之间可能存在协整关系。

5.2.2 格兰杰因果检验

为进一步分析金融总量、融资结构以及金融效率对青海省农牧区新型城镇化发展的影响，笔者采用格兰杰因果检验对变量数组进行检验，以探讨变量之间的短期因果关系，为后文分析问题及原因建立一定的理论依据。由于地域环境、经济发展水平等的差异性，农区和牧区的检验结果会存在一定的分歧，具体检验结果如下。

表 5.3 青海省海东市格兰杰因果检验结果

原假设	滞后期	F 统计量	P 值	结论
lnTF 不是 lnPU 的格兰杰原因	3	4.636	0.326	接受
lnPU 不是 lnTF 的格兰杰原因	3	0.785	0.658	接受
lnFS 不是 lnPU 的格兰杰原因	3	1079.84	0.022	拒绝**
lnPU 不是 lnFS 的格兰杰原因	3	0.811	0.652	接受
lnFE 不是 lnPU 的格兰杰原因	3	10.228	0.225	接受

续表

原假设	滞后期	F 统计量	P 值	结论
lnPU 不是 lnFE 的格兰杰原因	3	0. 101	0. 948	接受
lnTF 不是 lnIU 的格兰杰原因	3	193. 802	0. 049	拒绝**
lnIU 不是 lnTF 的格兰杰原因	3	1. 557	0. 519	接受
lnFS 不是 lnIU 的格兰杰原因	3	4. 343	0. 336	接受
lnIU 不是 lnFS 的格兰杰原因	3	1. 91	0. 478	接受
lnFE 不是 lnIU 的格兰杰原因	3	58. 505	0. 096	拒绝***
lnIU 不是 lnFE 的格兰杰原因	3	0. 309	0. 83	接受
lnTF 不是 lnSU 的格兰杰原因	3	4. 715	0. 323	接受
lnSU 不是 lnTF 的格兰杰原因	3	1. 566	0. 517	接受
lnFS 不是 lnSU 的格兰杰原因	3	84. 623	0. 079	拒绝***
lnSU 不是 lnFS 的格兰杰原因	3	50. 842	0. 103	接受
lnFE 不是 lnSU 的格兰杰原因	3	247. 408	0. 046	拒绝***
lnSU 不是 lnFE 的格兰杰原因	3	0. 356	0. 8076	接受

注：表中*表示在 99%的置信水平下拒绝原假设；**表示在 95%的置信水平下拒绝原假设；***表示在 90%的置信水平下拒绝原假设。

对于海东市各变量序列而言，依据 AIC 和 SC 原则确定格兰杰因果检验的最优滞后阶数为三阶。由表 5. 3 可知，短期内青海省农区的金融发展与新型城镇化发展之间的因果关系不是很明显。然而，从人口、产业和收入城镇化三个维度的全局角度出发，金融发展可以看作城镇化发展的格兰杰原因。

表 5. 4　青海省海西州格兰杰因果检验结果

原假设	滞后期	F 统计量	P 值	结论
lnTF 不是 lnPU 的格兰杰原因	1	0. 608	0. 461	接受
lnPU 不是 lnTF 的格兰杰原因	1	22. 627	0. 002	拒绝*
lnFS 不是 lnPU 的格兰杰原因	1	0. 705	0. 429	接受
lnPU 不是 lnFS 的格兰杰原因	1	13. 915	0. 007	拒绝*
lnFE 不是 lnPU 的格兰杰原因	1	4. 109	0. 082	拒绝***
lnPU 不是 lnFE 的格兰杰原因	1	0. 162	0. 699	接受
lnTF 不是 lnIU 的格兰杰原因	1	4. 204	0. 079	拒绝***

续表

原假设	滞后期	F 统计量	P 值	结论
lnIU 不是 lnTF 的格兰杰原因	1	0.019	0.891	接受
lnFS 不是 lnIU 的格兰杰原因	1	9.164	0.019	拒绝**
lnIU 不是 lnFS 的格兰杰原因	1	4.315	0.076	拒绝**
lnFE 不是 lnIU 的格兰杰原因	1	23.164	0.001	拒绝*
lnIU 不是 lnFE 的格兰杰原因	1	0.827	0.393	接受
lnTF 不是 lnSU 的格兰杰原因	1	0.128	0.7316	接受
lnSU 不是 lnTF 的格兰杰原因	1	5.9904	0.045	拒绝***
lnFS 不是 lnSU 的格兰杰原因	1	0.155	0.705	接受
lnSU 不是 lnFS 的格兰杰原因	1	16.243	0.005	拒绝*
lnFE 不是 lnSU 的格兰杰原因	1	8.355	0.023	拒绝**
lnSU 不是 lnFE 的格兰杰原因	1	0.421	0.537	接受

注：表中*表示在 99%的置信水平下拒绝原假设；**表示在 95%的置信水平下拒绝原假设；***表示在 90%的置信水平下拒绝原假设。

对于海西州各变量序列而言，依据 AIC 和 SC 原则确定格兰杰因果检验的最优滞后阶数为一阶。由表 5.4 可知，短期内青海省农区的金融发展与新型城镇化发展之间的因果关系不是很明显。然而，从人口、产业和收入城镇化三个维度的全局角度出发，可以认为青海省牧区金融发展和城镇化发展之间在短期内存在互为格兰杰因果关系。

5.2.3 协整检验

从长远来看，如果要探讨两者之间是否存在均衡关系，协整检验是关键步骤。

通过 ADF 检验可知，海东市和海西州的各变量序列在滞后期为三阶的基础上是平稳的。为了进一步探究金融发展与新型城镇化建设是否存在长期均衡关系，笔者运用协整检验来判断海东市和海西州各变量序列之间的关系，具体检验结果如下：

表 5.5　人口城镇化与金融发展的协整检验结果

地名	变量	ADF 值	1%临界值	5%临界值	10%临界值	是否平稳
海东市	残差序列 e	-4.818	-2.847	-1.989	-1.600	平稳
海西州	残差序列 e	-2.854	-2.816	-1.982	-1.601	平稳

由表 5.5 可知，由于海东市和海西州两地的残差序列在置信水平为 99%下属于平稳序列，那么可知人口城镇化与金融发展之间存在长期的均衡关系，即 lnPU 与 lnTF，lnFS，lnFE 之间存在协整关系。

表 5.6　产业城镇化与金融发展的协整检验结果

地名	变量	ADF 值	1%临界值	5%临界值	10%临界值	是否平稳
海东市	残差序列 e	-3.543	-2.847	-1.989	-1.600	平稳
海西州	残差序列 e	-2.258	-2.816	-1.982	-1.601	平稳

由表 5.6 可知，由于海东市和海西州两地的残差序列在置信水平为 95%下属于平稳序列，那么可知产业城镇化与金融发展之间存在长期均衡关系，即 lnIU 与 lnTF，lnFS，lnFE 之间存在协整关系。

表 5.7　收入城镇化与金融发展的协整检验结果

地名	变量	ADF 值	1%临界值	5%临界值	10%临界值	是否平稳
海东市	残差序列 e	-2.360	-2.847	-1.989	-1.600	平稳
海西州	残差序列 e	-2.377	-2.847	-1.989	-1.600	平稳

由表 5.7 可知，由于残差序列在置信水平为 95%下属于平稳序列，那么可知收入城镇化与金融发展之间存在长期均衡关系，即 lnSU 与 lnTF，lnFS，lnFE 之间存在协整关系。

5.2.4　逐步多元回归分析

本文运用 spss19.0 进行逐步多元回归分析，分析的维度分为三个，即人口、产业和收入城镇化，具体分析结果如下：

表 5.8 人口城镇化最优模型数据表

地区	R	R 方	标准估计的误差	F 值	Sig 值
海东市 a	0.839	0.704	0.117	26.166	0.000a
海西州 a	0.805	0.649	0.091	20.315	0.001a

注：a 代表模型 1；b 代表模型 2。

表 5.9 人口城镇化回归结果

地区 & 变量		非标准化系数		标准系数	t	Sig.	共线性检验	
		B	标准误差	Beta			容差	VIF
海东	（常量）	-1.047	0.065		-16.084	0.000		
	LnTF	1.873	0.366	0.839	5.115	0.000	1.000	1.00
海西	（常量）	-0.245	0.040		-6.131	0.000		
	LnFE	0.451	0.100	0.805	4.507	0.001	1.000	1.00

由表 5.8 和表 5.9 可知，通过对人口城镇化数据进行逐步多元回归分析后，可以发现在最优模型拟合优度合理的情况下，不同地域内金融发展和人口城镇化建设呈现出的关系不同。就农区海东市而言，人口城镇化的基本计量方程为 $\ln PU=-1.047+1.873\ln TF$，根据计量方程可以看出，在海东市范围内，影响人口城镇化的主要因素是金融总量，与金融总量呈正相关关系。就牧区海西州而言，人口城镇化的基本计量方程为 $\ln PU=-0.245+0.451\ln FE$，依据计量方程可知，在海西州范围内，金融效率是最主要影响人口城镇化发展的重要指标，且产生正的影响。

表 5.10 产业城镇化最优模型数据表

地区	R	R 方	标准估计的误差	F 值	Sig 值
海东市 a	0.936	0.875	0.018	77.287	0.000a
海西州 a	0.842	0.708	0.004	26.727	0.000a

表 5.11 产业城镇化回归结果

地区 & 变量		非标准化系数		标准系数	t	Sig.	共线性检验	
		B	标准误差	Beta			容差	VIF
海东	(常量)	-0.264	0.010		-26.162	0.000		
	LnTF	0.216	0.025	0.936	8.791	0.001	1.000	1.000
海西	(常量)	-0.028	0.002		-15.191	0.000		
	LnTF	0.028	0.005	-0.842	-5.170	0.003	1.000	1.000

由表 5.10 和表 5.11 可知，通过对人口城镇化数据进行逐步多元回归分析后，可以发现在最优模型拟合优度合理的情况下，不同地域内金融发展和产业城镇化建设呈现出的关系不同。就农区海东市而言，产业城镇化的基本计量方程为 lnIU = -0.264+0.216lnTF，依据计量方程可知，在海东市范围内，影响产业城镇化的主要因素是金融总量，且呈正的影响。就牧区海西州而言，产业城镇化的基本计量方程为 lnIU = -0.028+0.028lnTF，依据计量方程可知，在海西州范围内，金融总量是影响产业城镇化发展的重要指标，且产生正的影响。

表 5.12 收入城镇化最优模型数据表

地区	R	R 方	标准估计的误差	F 值	Sig 值
海东市 a	0.839	0.704	0.270	26.166	0.000a
海西州 a	0.970	0.940	0.040	172.96	0.000a

表 5.13 收入城镇化回归结果

地区 & 变量		非标准化系数		标准系数	t	Sig.	共线性检验	
		B	标准误差	Beta			容差	VIF
海东	(常量)	-2.412	0.150		-16.084	0.000		
	LnTF	1.873	0.366	0.839	5.115	0.000	1.000	1.000
海西	(常量)	0.963	0.018		53.626	0.000		
	LnFE	0.591	0.045	-0.970	13.151	0.000	1.000	1.000

由表 5.12 和表 5.13 可知，通过对收入城镇化数据进行逐步多元回归分析后，可以发现在最优模型拟合优度合理的情况下，不同地域内金

融发展和收入城镇化建设呈现出的关系不同。就农区海东市而言，收入城镇化的基本计量方程为 $\ln SU=-2.412+1.873\ln TF$，依据计量方程可知，在海东市范围内，影响收入城镇化的主要因素是金融总量，且呈正的影响。就牧区海西州而言，收入城镇化的基本计量方程为 $\ln SU=0.963+0.591\text{Ln}FE$，依据计量方程可知，在海西州范围内，金融效率是最主要影响收入城镇化发展的重要指标，且产生正的影响。

5.2.5 结论

本章通过格兰杰因果检验、协整检验以及逐步多元回归模型的分析，基本得出的结论为：在青海省农牧区范围内，金融发展对新型城镇建设都有一定的影响作用，农区和牧区的影响因素存在差异。具体结论有三点：

（1）依据逐步多元回归分析的结果可知，融资结构这个金融指标的选取不合理，应当从计量模型中剔除。影响农牧区新型城镇化建设的主要因素是金融总量与金融效率两个指标。

（2）以海东市为代表的农区范围内，由于金融总量逐年增加，人口城镇化率也逐步提高；金融总量对产业城镇化建设也有积极影响，充分体现金融支持过程中如何实现产业升级转型进而有力地促进经济发展；金融总量对收入城镇化表现为正面影响，即金融发展有利于缩小城乡居民收入差距。主要是因为金融总量的增加主要体现在机构数量和资产余额的增加，网点布局的增多使得普惠金融得以推进，农牧民获得收入增值的途径增加。同时，农信社等涉农金融机构加大对农户的贷款比重，农户从事农业以外的副业并实现创收，进一步缩小城乡收入差距。

（3）以海西州为代表的牧区范围内，金融效率呈现出逐年提高的趋势，金融资源配置效率高，对新型城镇化建设的支持力度加强，有利于人口的转移；金融总量的扩大有利于牧区产业结构调整与升级，海西州工业化迅猛发展的同时城镇基础设施建设得以完备。同时，海西州作为城乡一体化的先行示范区，有着得天独厚的优势，金融效率在区域范围内发挥着巨大的作用，刺激着海西州经济的繁荣发展，农牧民收入在稳步地提升，收入城镇化效应逐步增强。

6 新型城镇化进程中青海省农牧区金融体系存在的问题、成因及对策①

6.1 青海省农牧区新型城镇化进程中金融体系存在的问题

6.1.1 农牧区金融体系存在二元性失衡发展

伴随着区域金融的蓬勃发展，金融体系的二元性会逐渐凸显。二元性的含义是指农村正规金融组织机构与非正规金融组织机构并存的发展模式。可是，现阶段青海省农牧区金融体系二元性的发展模式存在严重的失衡现象。

一方面，以农村信用合作社、人保公司为主的农村正规金融体系，提供的金融产品及服务呈现出单一化特点，无法适应在新型城镇化背景下所带来的多元化金融需求。以青海省海西州为例，截至 2016 年底县域内农业发展银行 2 家、中国农业银行 2 家、中国工商银行 2 家、中国银行 2 家、中国建设银行 2 家、邮储银行 2 家、农村信用社 3 家、农村商业银行 2 家和人保公司分公司 1 家。通过调研的数据可以发现，整个海西州农村金融体系中正规金融体系数量偏少，而农户需求不限于存贷需求、保险需求、理财需求等。因此，正规金融体系并不能很有效地满足当地庞大的金融需求。

另一方面，能够满足农牧户及农牧企业的非正规金融组织机构无法得到发展。青海省农牧区非正规金融体系，也是新型农村金融机构的主

① 张永春 . 新型城镇化进程中青海农牧区金融体系问题探析［J］. 科技视界，2017，34.

要组成部分，包含村镇银行、农村资金互助社以及小额贷款公司。以青海省海东市为例，全市资金互助社已经超过 50 家、小贷公司也达到了 17 家，非正规金融体系数量明显偏低。由图 6.1 可以看出，超过 50% 的小额贷款公司位于西宁市区，其他州县的占比普遍偏低，即非正规金融体系的发展存在区域性失衡，这很大程度上限制了农牧区新型城镇化发展的进程。

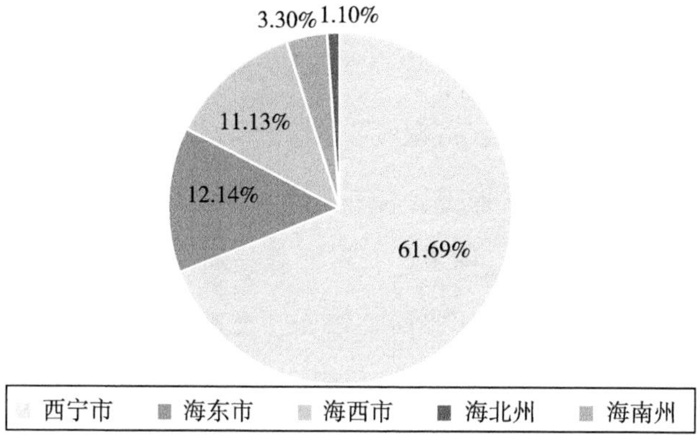

图 6.1 青海省小额贷款公司分布情况

总而言之，农牧区金融体系二元性的失衡发展，大大限制了金融市场的作用，无法使金融在支持新型城镇化建设中更好地发挥功效，也与青海省农牧区的经济形态不相匹配。

6.1.2 农牧区金融机构职能转变不到位

在青海省农牧区金融服务体系中，金融机构的服务定位不明确，其基本职能不能得到有效发挥，导致农牧区金融市场缺乏有效竞争，降低服务整体质量。具体表现为三方面：

第一，农业发展银行职能转变不到位。目前，在农牧区范围内，农业发展银行仍处于专业经营向混业经营的过渡阶段。同时，作为政策性金融机构，农业发展银行承担不了支持“三农三牧”建设的任务，而且机构职能的发挥存在不足，主要集中在粮棉油收购和管理，在城镇化进程中支持基础设施建设、就业体系完善、产业集约化发展等功能未能充分发挥。

第二，众多商业银行的经营理念没有改变。虽然部分农村金融机构的普惠性网点已经覆盖到村级，以海东市为例，截至 2016 年 5 月底，中国农业银行已在全市 6 个县（区）的 96 个乡镇设立“金穗惠农通”工程代理服务点 1040 个，其中包括助农取款服务点 1018 个，但是青海省农牧区金融市场仍存在分割现象。由于商业银行在乡县内设置网点的营业成本大于营业收入，逐利性的本质使得许多商业银行的营业网点不断撤出农牧区金融市场，放款权利不断上收。同时，商业性金融的资金投资多以收益率高的项目为主，很少投入收益低的农牧区融资项目。

第三，保险机构功能发挥不足且涉农保险种类有待增加。农牧业向来属于弱质性产业，农牧民的经营风险极大，青海省农牧区保险主要以政策性农业保险为主。截至 2016 年底，青海省内涉农保险种类达 20 种，即使险种已覆盖到农、林、牧、渔等多个方面，也还是存在涉农险种偏少的情况，无法适应农牧区多样化的保险需求。同时，农牧民参保的方式单一，主要以线下保险销售为主，忽略了互联网保险在提升保险转化率中所发挥的作用，这些对城镇化建设中农牧区产业发展的保障功能作用不大。

6.1.3　农牧区金融体系涉农贷款投放不足

1966 年美国经济学家帕特里克就金融与经济增长之间的关系，提出了“供给领先型”和“需求追随型”两种模式。现阶段，青海省农牧区金融体系仍处于“供给领先型”发展模式，缺乏内生性的“需求追随型”金融组织。同时，由于金融组织体系的供给不足，即无法满足新型城镇化进程中大量的资金需求，进而造成了“供给型金融抑制”现象的产生。所谓的“供给型金融抑制”是指金融组织机构无法长期有效地提供资金来满足各方经济主体的需求。

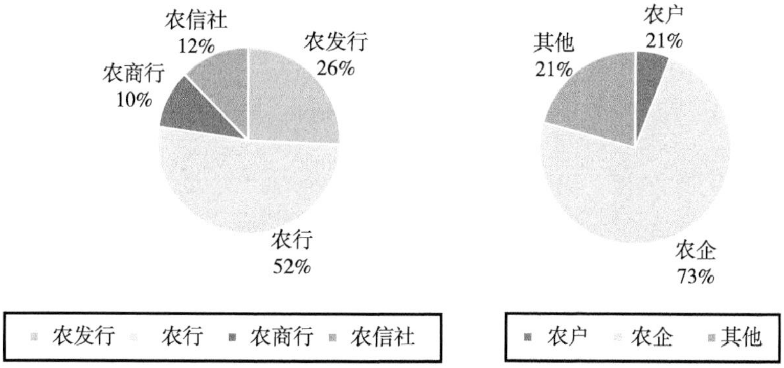

图 6.2 2012—2016 年青海省海西州金融机构涉农贷款占比

由表 6.1 和图 6.2 可知，海西州近五年各金融机构涉农贷款的投放状况。从投放量来分析，中国农业银行投放的涉农贷款总量最多，农村商业银行投放的涉农贷款总量最少。从投放的方向来看，农村金融机构涉农贷款的投放主体仍是以涉农公司为主。从总体上来看，金融机构涉农贷款的投放是不足的，无法匹配农户的资金需求。同时，在已经投放的涉农贷款中，投放的对象依然以涉农企业为主，农户占比极少，从投放的主体来看是农业银行占主体。从经济学角度来分析，这对区域的经济发展是不利的，不能刺激消费需求，进而拉动投资来实现经济增长，所以经济发展受阻会阻碍当地新型城镇化进程的发展。

表 6.1 青海省海西州金融机构涉农贷款余额 单位：万元

年份	农发行			农行			农商行			农信社		
	涉农贷款余额	农户贷款余额	农企贷款余额	涉农贷款余额	农户贷款余额	农企贷款余额	涉农贷款余额	农户贷款余额	农企贷款余额	涉农贷款余额	农户贷款余额	农企贷款余额
2012	361056	0	361056	747114	1066	589554	—	—	—	192157	79083	98804
2013	325556	0	325556	738283	1583	510145	226556	20090	36807	170465	64101	93225
2014	380315	0	380315	825862	294	510918	108186	42077	64409	148963	47021	84454
2015	374824	0	374824	758690	587	446103	146590	53222	88790	180443	54487	101692
2016	380231	0	380231	775278	831	456055	150445	58463	93345	192000	56203	11325

资料来源：青海省金融机构调研资料整理（2012—2016）；“—”为资料缺省。

因此，由于农户本身的自然属性造就了金融机构投放的倾向性，这就要求诚信教育的宣传需大力普及，提高农户自身素质，促进农业贷款向农户投入更多，促进生产经营，从而带动农村经济发展。

以海东市为例，由表 6.2 和图 6.3 可知海东市近五年各金融机构涉农贷款的投放情况。从总量上来分析，农信社近五年在海东市县域内涉农贷款总量高达 200 多亿元，而中国农业银行的涉农贷款的投放量仅有 20 亿元左右，可见各金融机构在投放总量上存在明显的结构性失衡。从投放的对象来看依然以涉农企业为主，农户占比极少。从投放主体来分析，涉农贷款的投放主体依然是农信社，对农牧户的投放力度偏小甚至没有，在人口红利逐渐消失的今天，投放主体的功能性缺位是限制区域内经济飞速发展的内在压力。

表 6.2　青海省海东市金融机构涉农贷款余额　　单位：万元

年份	农发行			农行			农信社		
	涉农贷款余额	农户贷款余额	农企贷款余额	涉农贷款余额	农户贷款余额	农企贷款余额	涉农贷款余额	农户贷款余额	农企贷款余额
2012	372309	0	372309	22570	11084	8981	440464	124152	257709
2013	523927	0	523927	19869	10268	9583	499864	114295	315147
2014	544666	—	408036	18276	10891	3990	538697	124014	300260
2015	527062	—	446538	203428	12678	5900	405883	114612	230839
2016	541885	0	458520	19926	13252	6580	397000	107626	262085

资料来源：青海省金融机构调研资料整理（2012—2016）；“—”为资料缺省。

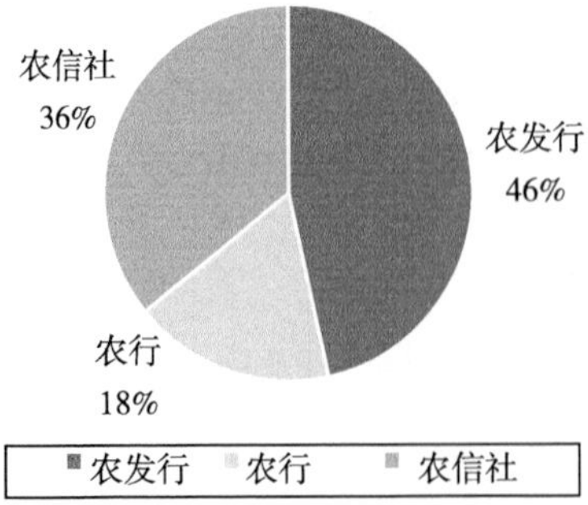

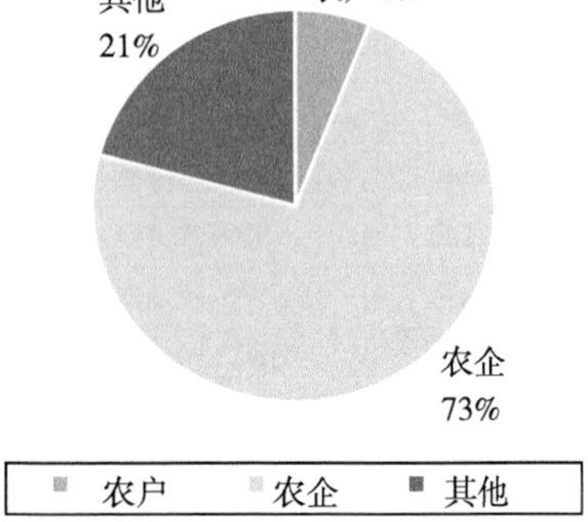

图 6.3　2012—2016 年青海省海东市金融机构涉农贷款占比

6.1.4 农牧区金融体系金融产品创新不足

2015 年青海首推“双基联动”[①] 贷款项目，截至 2016 年 12 月，海西农村金融机构已向市场投放了 3.4 亿元的“双基联动”合作贷款，该业务已覆盖了 226 个行政村。“双基联动”合作贷款的推出旨在解决农牧户和城镇居民贷款难、贷款贵和贷款慢等问题。目前，新型城镇化建设到了关键的时间窗口，青海省“十三五”规划能否改变现有的农牧区金融体系创新不足的问题成为关注的焦点，突破口则在金融产品上。

金融产品是银行或非银金融机构为满足金融市场需求而提供的一种多项业务的载体。简单来说，金融产品类似于金融需求和金融供给之间的桥梁。事实上，伴随城镇化的建设，不同主体的需求呈现出动态、多样化的特点，如农牧民的金融需求为住房需求、农牧业区企业的金融需求为信贷需求、青少年的金融需求为教育需求、农村乡政府的金融需求为基础建设的融资需求等。新型城镇化建设中动态的金融需求都需依靠金融产品的不断创新来满足。

然而，在传统服务模式和业务方式的同业竞争中，现阶段青海省农牧区金融体系所提供的金融产品并不能有效地满足多元化的金融需求。例如，专门针对青海省农牧区小城镇建设的城镇化债券还在继续探索中，更多更优质的保险类金融产品也亟须投入到新型城镇化建设中来。从长远来看，如果金融需求多样化与金融产品长期不匹配，农牧区新型城镇化的建设必会面临严峻的挑战。

6.1.5 农牧区金融机构吸纳储蓄能力偏弱

从经济学视角来分析，金融发展主要包括广度和深度两个层面：广

---

① 双基联动：是指基层涉农银行和基层党组织以“双向挂职、双签协议、双办业务、双评信用、双控风险”为主要内容的贷款模式，是青海省金融机构的独创品牌。

度意为金融总量的扩张，即区域内金融机构数量、货币供应总量、贷款规模等的增加；深度是指金融结构的优化，即通过金融市场结构的调整来满足多层次的金融需求。青海省农牧区自身经济条件和资源禀赋不足，这在很大程度上决定农牧区金融发展多以金融总量扩张为主。同时，农牧区要发展新型城镇化建设，必须以高金融储蓄率为支撑。因为，在建设初期，需要进行大规模的基建工程，巨大的资金需求是隐患，如果金融储蓄率偏低则会造成金融效率偏低，从而在城镇化进程的推进中会产生负面作用。

农村金融体系的主体是以农村信用合作社为基础的正规金融体系，由于农信社覆盖面广，多数农户会选择将资金存入农信社。因此，以海西州为例，由表 6.3 能够分析出，近五年海西州农信社的存款余额增长率基本在 1.5%左右波动，甚至 2015 年呈现出负增长的情况。这从侧面体现出农户的储蓄意愿并不是很强，以致大大降低了海西州的金融储蓄率，进而降低了区域范围的金融效率。依据前文的实证分析可得，金融效率对于海西州的产业城镇化和收入城镇化都有正的影响作用，故金融效率的降低必然会让海西州的产城融合以及牧民增收受到很多负面影响，从而削弱了金融对新型城镇化的支持力度。

表 6.3　青海省海西州（县域）农村金融机构存款余额　　单位：万元

年份	农发行	农行	农商行	农信社
2012	70947	615974	—	523065
2013	28286	627979	133808	455450
2014	41209	506065	206018	456832
2015	46970	638945	259645	450224
2016	47826	640283	279823	454025

资料来源：青海省金融机构调研资料整理（2012—2016）；“—”为资料缺省。

说明：金融机构无法统计来自农村存款，只能以县域农村地区存款指标代替。

以海东市为例，由表 6.4 可知，2014 年新型城镇化试点逐步铺开后，海东市各农村金融的存款余额增长率幅度都在1%范围内波动。虽然，存款余额的总量在稳步上升，但是随着新型城镇化的不断推进，会衍生出多种金融需求，此时的吸储能力并不能适应金融机构贷出去的量，进而造成金融效率提速缓慢，不能有效地刺激经济增长，推动新型城镇化进程。

表6.4 青海省海东市（县域）农村金融机构存款余额 单位：万元

年份	农发行	农行	农信社
2012	37772	765007	741090
2013	94324	914012	891473
2014	117554	1056842	1090761
2015	162821	1199969	1053859
2016	301556	1350729	1022002

资料来源：青海省金融机构调研资料整理（2012—2016）；“—”为资料缺省。

说明：金融机构无法统计来自农村存款，只能以县域农村地区存款指标代替。

6.2 青海省农牧区新型城镇化进程中金融体系存在问题的成因分析

6.2.1 农牧区金融服务主体缺位，制度配套不健全

青海省农牧区金融机构主要由银行机构、保险机构、证券机构三部分金融机构组成。其中，国有商业银行从农牧区撤并力度也在逐年加大，使得部分州县出现了存款难、贷款更难的现象。因此，农牧区金融机构的主体为农村信用社，占比超过60%。不过，因为农牧区金融生态环境欠佳，农村信用社的业务出现了偏离，违背了服务“三农三牧”的宗旨，造成了大量资金的外流，金融服务主体严重缺位使得农牧区新型城镇化进程推进缓慢甚至受阻。主要表现在三个方面：

第一，农牧区保险业务发展缓慢、农牧民的抗风险能力偏弱、银行基于风险管控的目标易产生“惜贷”现象，进而放缓新型城镇化进程。

第二，农牧户及农牧企业自身资信水平偏弱，相应的资产评估机构

缺失，担保机制制度建设不完善。

第三，农牧业的自然属性是弱质性的，极易受到不确定性风险的影响，这就要求农牧区需要建立完善的信贷补偿机制来规避或是转嫁风险。

总之，金融制度配套的不完善直接造成银行涉农业务的缩减以及放贷的谨慎性增加，这对需要大量资金支持的新型城镇化建设是不利的。

6.2.2 虹吸效应加剧资金供求矛盾

新型城镇化主要涵盖人的城镇化、产业的城镇化和收入的城镇化，建设中必须满足基础设施建设、公共服务提供、产业升级转型等催生的金融需求。然而，从区域经济学角度来分析，虹吸效应①会逐步加剧欠发达地区的资金供求矛盾。这主要是由于区域经济发展不平衡，对发达地区的经济产生辐射作用，使得欠发达地区资本、劳动力等经济资源逆向流出，造成急需资金的地区经济资源更加匮乏。

如图 6.4 所示，西宁市近五年的地区 GDP 数值均高于海西州和海东市的地区 GDP 数值。由此可以看出，青海省内各州市经济发展仍存在不平衡性，海东市和海西州相比于西宁市则发展速度较慢，因此，在虹吸效应的作用下，资金必然会从农牧区渐渐地流向经济效益好的地方。但是，海东市和海西州正在进行城镇化转型的区域急需资金，资金需求远大于资金供给，从而产生了资金供求失衡现象，加剧了资金供求矛盾。

① 虹吸效应：源于奥运会的举办，后用来解释资金由急需资金的欠发达地区流向资金富裕的发达地区的经济现象。

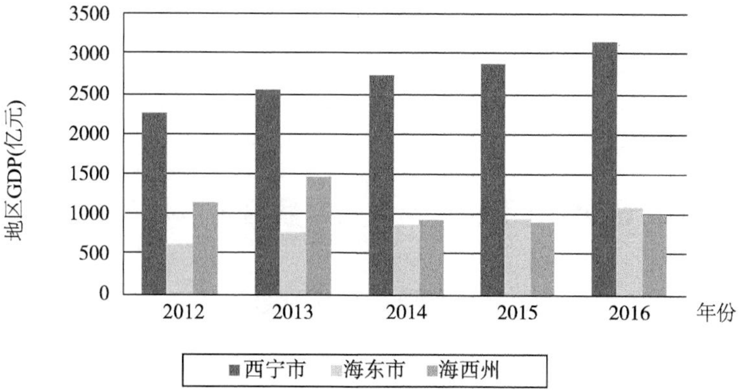

图 6.4　青海省农牧区部分地区 GDP 对比图

6.2.3　金融机构生态环境弱化限制金融产品创新发展

国务院总理李克强提出了“大众创业、万众创新”的概念后，“双创”一词逐渐被人知晓。由此可见，创新对于一个国家、一个民族的重要性，就更别谈它对于一个行业是有多么宝贵了。现如今，青海省农牧区的金融创新不能满足新型城镇化建设的多样化需求，农牧区金融机构生态环境弱化是主因。

金融生态环境的弱化无法为农牧区金融创新提供滋养的土壤，反而还束缚了金融创新的尺度。金融生态环境弱化主要表现为三个方面：

第一，金融机构对于金融创新的重视不足，只是作为一种传统业务的辅助工具，并没有将金融创新上升到战略性高度，来思考其对金融机构自身发展的重要性。

第二，青海省地处西部欠发达地域，教育水平落后于全国平均水平，省内人才流失严重，这就造成农牧区金融机构的从业人员整体素质普遍偏低，具有创新意识的员工偏少，以致无法通过科技驱动金融创新，创新空间有限。

第三，青海省农牧区金融体系受制于信息技术的滞后及地域发展不平衡，使得金融体系的自主创新能力偏弱，同质化的产品屡见不鲜，不能根据新型城镇化建设所提出的需求及时精准地开发出适销对路的金融产品及服务方式。

6.3 新型城镇化下完善青海省农牧区金融体系的对策和建议

6.3.1 建立农牧民真正需要的合作性金融

合作性金融是在合作制原则基础上建立起的一类金融体系，是农村金融机构主体和农村信贷资金的重要来源。合作性金融机构的特点是网点分布的区域范围较广，网点基本层层下放到乡镇和村庄，是最能够反映农牧户和农村小微企业的金融需求的金融组织机构。然而，在青海省农牧区，合作性金融组织并没有获得很好的发展，并没有切实满足农牧区各金融主体的需求。

因此，为了建立农牧民真正需要的合作金融，还必须从以下三方面努力：

第一，通过金融制度创新及政策扶持的手段，增加新型农村合作金融机构的数量，更好地服务新型城镇化建设。

第二，鼓励农牧民积极参与合作性金融，提供稳定的法律和政策环境，确保合作性金融组织机构的各项经营活动均基于农牧民需求展开。

第三，农村信用社作为农村合作性金融的主力军，区域性政府应鼓励农村信用社扩大网点的覆盖面，并通过优惠补贴的方式加大对农村信用社的扶持力度，加大对农村资金投入。

6.3.2 建立多层次的城镇化金融支持体系

新型城镇化的内涵是人口城镇化、产业城镇化和收入城镇化的有机统一，要想充分实现三个方面城镇化的共同发展，需要大量资金的支持。现阶段，农牧区的城镇化金融支持体系组织形式过于单一，仍以传统农村金融机构为主体。为了推动新型城镇化进程，必须加快农牧区金融体制改革、完善金融配套措施，形成以政策性金融为主，商业性金融、合作性金融以及民间金融作为有益补充的多层次、广覆盖、有竞争力的金融服务体系。

一方面，要逐步完善金融机构在城镇化建设中的作用。保险机构应大力开拓农牧区保险服务业务，增强农牧业的抗风险能力，这样银行的“惜贷”现象将会得到缓解。2016 年 9 月，证监会将“金融扶贫”作为券商的考核指标之一，国家政策逐步偏向欠发达地区的金融发展，证券公司应当把握时机，积极主动地开展农牧区金融项目，增加城镇化建设的资金来源。海东市、海西州仍有金融服务真空区域，正规金融机构网点覆盖面少，服务形式守旧，需大力扩大商业银行网点（包括 ATM）在区域内的覆盖率和提升现有服务的质量。

另一方面，需要赋予非正规金融体系合法地位。原因主要有两方面：

第一，农牧区的金融借贷多以借贷规模小、借贷周期短以及借贷风险大为主。非正规金融机构的放贷模式能满足这些要求，故非正规金融机构的存在有合理性。其中，最重要的是做好风险防范与管理，那么民间金融组织才能最大限度地发挥效益。

第二，商业银行在乡镇设点的成本明显大于营业收益，使得商业银行网点逐步撤并出农牧区经济效益不好的区域。民间金融可以充当正规金融机构所发挥职能的角色，去弥补部分乡镇的金融服务空白。因此，政府需鼓励建立农牧区民间金融组织，进一步规范民间金融的发展，让民间金融能够处在“阳光地带”。

6.3.3 加大金融创新力度，推动差异化金融服务体系构建

目前，青海省农牧区金融体系面临陷入多重困境，金融创新是突破

这些困境的关键所在。首先，现阶段，青海省农牧区的资金外流现象较为严重，县域内供给严重不足，金融服务主体职能转变不到位。因此，应当尽快建立资金回流长效运行机制，拓宽农牧区金融主体的融资渠道，避免一味地依靠财政收入来解决新型城镇化建设带来的需求。同时，县域还需加大金融制度改革，引导社会民间资本进入农牧区市场，创造新型城镇化建设新的融资模式。

金融体系还可以改变或是创新现有的金融合约。新型城镇化的建设必然导致农牧区人口的大量外流，造成农牧区很多宅基地、土地承保经营权都处于闲置状态。这类物品则可以通过金融创新的途径用合约打包处理进行抵押，这就解决了抵押物不足的问题。金融机构可以适时地引进互联网金融的运营模式，大力推行电子银行、手机银行和微信银行等业务模式，提升金融服务效率。

针对传统的农牧区金融体系，我们可以运用创新的思维推动差异化金融体系的构建，主要着手点有以下几个方面：

（1）政策性金融应在围绕国家政策制定战略目标的同时，积极地发挥支持新型城镇化进程中所出现的基础设施、公共服务等金融需求的作用。同时，在原有业务上进行拓展，创新针对“三农三牧”的信贷产品和融资方式。

（2）商业性金融机构应充当不断满足多元化金融需求的重要角色。结合不同区域城镇化发展的特色，开发出适应不同需求的金融产品，例如商业银行可以借鉴“蚂蚁花呗”和“京东白条”的特性，开发出属于农牧民的消费金融信贷金融产品。

（3）民营性金融机构服务群体更偏市民化，充分发挥“老百姓银行”的职能。政府应加大对村镇银行的扶持力度，使其服务网点尽可能地遍布各个农牧区乡镇。在大数据和人工智能时代的背景下，可以在青海省内尝试建立互联网民营银行，与政府展开公益性合作，推广金融终端的使用。在此基础上，通过大数据挖掘潜在金融需求主体，并通过人工智能机器开展智能化金融服务模式，提升金融主体的满意度。

6.3.4 积极优化农牧区金融市场结构，完善农牧区金融服务体系

区域金融服务体系的完善很大程度上取决于金融市场结构是否完整，对区域经济社会发展会产生深远的影响。青海省农牧区金融市场结构存在单一化的特征，区域内小微企业及农牧民的融资方式主要以银行借贷为主，直接融资渠道发展受阻，这与急需资金的新型城镇化建设模式不匹配。

首先，政府应当加快农牧区融资证券化进程。所谓的证券融资模式就是大力发展农牧区金融资本市场机制，这将有助于解决农牧区小微企业融资难的问题，从而推动产业城镇化的发展，提高农牧区城镇化的水平。虽然，融资证券化的发展对新型城镇化发展具有补血效应，但在整个过程中还要把握好度，避免资本市场与货币市场发生失衡现象，积极建立一种长效的资本市场与货币市场良性循环机制。

其次，政府应设立新型城镇化的专项基金，基本公共服务转移支付以及地方政府新增债券分配等方式上加大对青海农牧区的支持力度，引导社会资本或外部资本流向农牧区，为产业与城镇发展的融合提供资金支持和融资服务。

最后，政府应该鼓励中小金融机构和外资机构在农牧区适当地建立分支机构，并建立具有区域特征的信用评价体系，打破由国有商业银行垄断农牧区金融市场的格局。

7　新型城镇化进程中青海省农牧区金融供给与需求调研分析

众多学者认为，金融体系的供给落实到对经济的发展，其实质就是金融供给的问题，因此笔者在这里把金融体系的供给具象化为金融的供给。从目前青海省农牧区的金融供给看，农牧区金融供给现已形成由农发行、农业银行及农信用社、邮政储蓄银行、村镇银行、农村资金互助社、小额贷款公司等银行机构为主要的供给者，保险机构的市场供给份额很小，而证券机构供给只是处于起步阶段。

从目前农牧区的金融需求看，青海省农牧区金融需求在层次和要求上和发达地区仍存在较大差异，为便于调研和统计分析，将农牧区农村金融需求主体划分为农牧户、农牧区企业、农牧区乡镇政府（基础设施），三部分构成当前农村金融需求的主体，它同时也是目前青海省金融机构支农贷款用途的主要划分方法。

7.1　调研实施方法

7.1.1　农牧户采用问卷调研法

7.1.1.1　调查问卷设计、发放、收回与检验

（1）调查问卷的设计。调查问卷主要包括三部分内容，一是被调查者的基本情况；二是金融供给；三是金融需求问题，详见附录1。考虑到青海农牧区民族语言文字交流的特殊性，选择生长并长期居住此地区的青海大学藏族大学生一起做口头调查问卷，对于汉语和藏文都不认

识的农牧民，则采取询问的方式并将结果代为填写。在实地调研过程中，最大可能保证问卷质量，反映客观实际情况。

（2）调查问卷发放、回收情况统计。面向青海省海东市乐都区与平安区农牧户各发放125份调查问卷，共250份，回收250份，有效问卷240份，有效问卷占回收问卷的96%；面向青海省海西州德令哈与格尔木市农牧户各发放问卷125份，共250份，回收250份，有效问卷236份，有效问卷与回收问卷的占比为94.4%，发放及回收调查问卷情况统计见表7.1。

表7.1 发放及回收调查问卷情况统计

发放对象		发放问卷数量（份）	收回问卷数量（份）	无效问卷数量（份）	有效问卷数量（份）	有效问卷比例（%）
农区	乐都区	125	250	10	240	96%
	平安区	125				
牧区	德令哈市	125	250	14	236	94.4%
	格尔木市	125				
合计		500	500	24	476	95.2%

资料来源：调查问卷资料整理所得。

（3）问卷检验。为了确保调查问卷的可靠性与真实性，在统计调查数据结果前，对问卷做了信度检验。采用的方法是重测信度分析法：用同一份问卷对同一群体在不同的时间点进行两次问卷调查，然后根据两次问卷结果的差异程度进行分析，结果相似则为真，较为可信。第一次调查问卷做完后，在相同的地点做了同样的问卷，分析两次调查问卷的结果，结果基本相似，所以调查问卷的可信度为真。

7.1.1.2 农牧户调查对象基本情况汇总（农户以家庭壮劳力为调查对象）

表7.2 农牧户调查对象基本情况汇总

调查项目	选项及比例
性别	男性280人（58.82%）；女性196人（41.18%）
民族	汉族278人（58.40%）；蒙古族95人（19.96%）；藏族70人（14.71%）；其他少数民族33人（6.93%）

续表

调查项目	选项及比例
年龄	18~30 岁 96 人（20.17%）；30~40 岁 147 人（30.88%）；40~50 岁 136 人（28.57%）；50 岁以上 97 人（20.38%）
文化程度	大学本科以上 0 人；高中（或中专、技校、大专）37 人（7.77%）；初中 135 人（28.36%）；小学 181 人（38.03%）；小学以下 123 人（25.84%）
从业情况	农业 181 人（38.03%）；牧业 112 人（23.53%）；农牧业兼顾 157 人（32.98%）；其他职业 26 人（5.46%）
家庭年收入	2 万元以下 67 人（14.07%）；2 万~5 万元 193 人（40.55%）；5 万~8 万元 133 人（27.94%）；8 万元以上 83 人（17.44%）

资料来源：调查问卷资料整理所得。

7.1.2 农牧区企业采用问卷调研法

关于农牧区企业的调查，同样采用问卷调查法，实施过程与农牧户问卷调查方法基本相似，详见附录 2。面向青海省海东市乐都区与平安区农牧企业各发放了 25 份调查问卷，共 50 份，回收 50 份，有效问卷 45 份，有效问卷占回收问卷的 90%；面向海西州德令哈市与格尔木市农牧区企业各发放问卷 25 份，共 50 份，回收 50 份，有效问卷 43 份，有效问卷占回收问卷的 86%，总共收回有效调查问卷 88 份。

7.1.3 农牧区乡镇政府（基础设施）实地访谈法

为了了解青海农牧区乡镇政府机构的金融需求，采用了实地调研访谈法。走访了相关金融机构及海东市乐都区、平安区和海西州德令哈市、格尔木市政府、农电局、水利局、卫生局、文化局、建设局、统计局及基层乡镇政府等单位。查阅搜集信息并分别与相关部门的工作人员进行谈话沟通，经过归纳整理从中获得乡镇政府机构有关基础设施建设方面的资料。

7.2　农牧户和农牧地区企业的金融供给分析

7.2.1　涉农金融机构方面

在青海省农牧区，农牧户和农牧地区企业的金融供给主要来自农业银行、农村信用社（农商行）和邮储银行。邮政储蓄银行与农村信用社由于长期扎根农村地区，网点相对于其他金融机构在四个地区分布数量相对集中，居于绝对主导地位。在调查数据中，农牧民家附近的金融机构主要是邮政储蓄银行（农牧民 157 人）和农村信用社（农牧民 195 人）；农牧区企业金融机构主要是农业银行（农牧区企业 34 家）、邮政储蓄银行（农牧区企业 14 家）和农村信用社（农牧区企业 35 家），如表 7.3 所示。

表 7.3　农牧户及农牧地区企业金融服务机构状况

金融机构（选项）	农牧户所占比例（%）	农牧地区企业所占比例（%）
中国农业银行	19.95	39
中国邮政储蓄银行	33	15.6
农村信用社（农商行）	41	40
小额贷款公司	2.85	2.8
村镇银行或农村资金互助社	3.2	2.6

资料来源：调查问卷资料整理。

7.2.2　农牧区金融机构网点覆盖率、便利程度方面

根据农牧户和农牧地区企业调查问卷结果显示，“方便”项选择中农牧民占 38.66%，农牧区企业占 37.50%；“不方便”选项中农牧民占 61.34%，农牧区企业占 62.50%。可见，大多数农牧户和农牧区企业普遍存在农牧区办理金融业务不方便的现象，不方便的主要原因是网点太少（农牧民 28.77%，农牧区企业 29.09%）、距离太远（农牧户 25%，农牧区企业 25.46%）和有些金融业务办理不了（农牧民 39.04%，农

牧区企业 18. 18%）如表 7. 4 所示。

表 7. 4　农牧区金融机构覆盖率及便利程度

调查项目内容	选项及比例	
	农牧户（476 份）	农牧地区企业（88 家）
您认为您所在地区金融机构办理相关业务方不方便	方便 184（38. 66%）	方便 33 家（37. 50%）
	不方便 292（61. 34%）	不方便 55 家（62. 50%）
您认为在金融机构办理相关业务不方便的原因是	网点太少 84（28. 77%）	网点太少 16 家（29. 09%）
	距离太远 73（25%）	距离太远 14 家（25. 46%）
	服务态度不好 21（7. 19%）	服务态度不好 15 家（27. 27%）
	部分金融业务办理不了 114（39. 04%）	部分金融业务办理不了 10 家（18. 18%）

资料来源：调查问卷资料整理。

7. 2. 3　农牧区金融机构服务质量方面

目前四个地区金融机构提供的业务中传统的“存贷汇”占主要部分，针对农牧户的理财业务空白，无法满足农牧户金融需求。“不是很满意”选项中，农牧户和农牧区企业在对当地金融机构服务质量评价时，占比分别为（53. 47%、60%）；认为金融机构需要在扩大营业网点及自助银行规模的农牧户和农牧区企业占比分别为（34. 72%，22. 73%）、认为需要提供更多适合农牧区的金融产品占比分别为（23. 58%，23 家占比 26. 14%）、认为需要简化贷款程序的农牧户和农牧区企业占比分别为（28. 39%，51. 14%）。

7. 2. 4　贷款期限、利率方面

在调查农牧户对银行金融机构的贷款期限和利率是否满意时发现，75. 63%的农牧户认为银行的贷款期限较短，75%农牧地区企业认为银行的贷款期限较短；农牧户普遍反映贷款利率较高，难以接受的占比 63. 02%，农牧企业占比 45. 45%，如表 7. 5 所示。

表 7.5　银行的贷款期限与贷款利率情况汇总

调查项目内容	选项及比例	
	农牧户（476 份）	农牧地区企业（88 家）
你觉得银行的贷款期限是长是短	长 116（24.37%）	长 22 家（25%）
	短 360（75.63%）	短 66 家（75%）
您觉得银行的贷款利率高吗	不高 66（13.87%）	不高 20 家（22.73%）
	可以接受 110 人（23.11%）	可以接受 28 家（31.82%）
	高，难以接受 300 人（63.02%）	高，难以接受 40 家（45.45%）

资料来源：调查问卷资料整理所得。

7.2.5　贷款条件方面

在调查中，农牧户、农牧地区企业普遍反映有贷款需求，却很难从银行贷款，其中最主要的三个原因是手续太复杂（22.47%，42.8%）、没有关系贷不了款（17.52%，17.2%）和没有资产抵押，贷不了款（38.93%，40%），如表 7.6 所示。

表 7.6　农牧区金融机构贷款条件汇总表

调查项目内容	选项及比例	
	农牧户（476 份）	农牧地区企业（88 家）
您认为您所在地区金融机构办理业务条件有哪些		
手续复杂	复杂（22.47%）	复杂（42.8%）
存在人情关系	存在（17.52%）	存在（17.2%）
必须有资产抵押	需要（38.93%）	需要（40%）

资料来源：调查问卷资料整理所得。（注：农牧户调查中还有其他原因，故比例不是 100%）

7.3　农牧户和农牧地区企业金融需求分析

7.3.1　农牧户金融需求分析

7.3.1.1　贷款需求方面

在此次调查问卷中，有 320 人在最近五年有银行机构贷款记录，贷款需求率为67.23%，表现出对贷款旺盛的需求，但从银行成功获得贷款的只有132人，占贷款总人数的41.25%。在选择借款对象时，71.85%的农牧民会首先选择民间借款，即向身边的亲朋好友借款，选择向正规金融机构借款的只占比26.47%，他们认为从银行金融组织获得借款难度大、手续复杂、需要担保物等成为主要障碍，如表7.7所示。

表7.7　农牧户金融需求问题汇总表

调查项目	选项及比例
近5年你是否从银行金融机构贷过款	是320人（67.23%）；否156人（32.77%）
从银行金融机构贷款是否成功借到款	是132人（41.25%）；否188人（58.75%）
如需借款，首先会选择	向正规金融机构借款126人（26.47%）； 高利贷3人（0.63%）；民间借贷342（71.85%）； 私人钱庄5人（1.05%）

资料来源：调查问卷资料整理所得。

7.3.1.2　贷款额度与贷款期限方面

从贷款额度和贷款期限看，银行提供的贷款额度和贷款期限均不能满足农牧户的金融需求。农牧户的借款额度大部分分布在2万~5万元，占比59.24%，借款期限区间在2~5年的占比52.52%，而农村信用社提供给农牧户小额消费贷款的平均额度在2万元以内，且贷款平均期限也是在2年以下。在已经成功获得贷款的132户中，97人表示贷款额度与理想中的额度不匹配，占比73.48%；90人表示贷款期限与理想中的贷款期限不匹配，占比68.18%，如表7.8所示。

表7.8　农牧户金融需求问题汇总

调查项目	选项及比例
如需借款，您预期的平均借款金额是	2万元以下16人（3.36%），2万~5万元282人（59.24%），5万~10万133人（27.94%），10万元以上45人（9.45%）
银行的贷款额度是否与您预期的贷款额度匹配	是35人（26.52%），否97人（73.48%）

续表

调查项目	选项及比例
如需借款，您预期的平均借款期限是	2年以下44人（9.24%），2~5年250人（52.52%） 5~10年131人（27.52%），10年以上51人（10.71%）
银行的贷款期限是否与您预期的贷款期限匹配	是42人（31.82%），否90人（68.18%）

资料来源：调查问卷资料整理所得。

7.3.1.3 生活消费性贷款需求方面

由于农牧区经济基础较弱，农牧业丰收与否的不确定因素较多，大部分地区都较为贫穷，子女教育、医疗卫生以及婚丧嫁娶等生活消费成为农牧民最为重要的支付负担，家庭收入不稳定时，农牧民必然选择寻求外部资金的支持来维持必要的生活和生产。据调查数据显示：子女教育贷款需求占比最高，为32.76%；卫生医疗、盖房、婚丧嫁娶分别为21.75%、13.86%、18.80%。用于农牧业生产投入的贷款需求为11.54%；生活消费性贷款需求占比87.17%。如表7.9所示（由于是多选题，此比例和不是100%）。

表7.9 农牧户借款主要用途

类型		（频次）	百分比（%）	比例（%）
生产性贷款需求	农牧业生产投入	38	11.54	11.54
生活消费性贷款需求	子女教育	122	32.76	87.17
	卫生医疗	81	21.75	
	盖房	54	13.86	
	婚丧嫁娶	42	18.80	
其他		19	8	8

资料来源：调查问卷资料整理所得。

7.3.1.4 金融需求多样化方面

依据调查问卷附录1：第25题可知，农牧区金融机构提供的金融服务主要有存款、贷款、转账、汇兑、理财产品等金融服务，但农牧民迫切需要的金融服务除去“存贷汇”业务外，还需要保险（农业、财产、人寿）和证券交易（股票、期货、基金）业务，农牧户的金融需求呈现出多样化的趋势。农业保险方面，依据调查问卷附录 1：第 26 题和第 27 题可知，农牧民普遍反映有购买农业保险的需求，其中回答“有”的有 392 人，占比 82.35%；回答“没有”的有 84 人，占比 17.65%。在询问后发现，究其主要原因为：“想买农业保险但不知在何处购买”“当地没有农业保险，可获得性低”。

7.3.2 农牧地区企业金融需求分析

7.3.2.1 农牧企业种类方面

调查问卷将所涉企业按行业分为了 4 大类：第一类：农林牧渔；第二类：材料、设备、配件等制造业；第三类：房地产建筑、采掘、冶金企业；第四类：住宿餐饮、批发零售等服务型企业。其中农林牧渔企业行业占 52.72%，各类材料、设备、配件等的制造业占 17.27%，房地产建筑、采掘、冶金企业占 8.18%，住宿餐饮、批发零售等服务型企业占 21.83%。

7.3.2.2 贷款需求、审批方面

为了了解农牧区企业贷款需求程度及贷款成功率，问卷中设置了两个相关问题。如表 7.10 所示 88 家企业中有 80 家企业有贷款需求，占比 90.91%；这 88 家企业中，有 80 家企业从银行金融机构申请贷款，但成功获得贷款的只有 28 家，成功率为 35%。

表 7.10 青海农牧区企业贷款需求情况

调查项目	选项及比例
贵企业是否有贷款需求	是 80 家（90.91%），否 8 家（9.09%）
贵企业是否成功从银行金融机构获得过贷款	是 28 家（35%），否 52 家（65%）

资料来源：调查问卷资料整理所得。

7.3.2.3 贷款额度和贷款期限方面

80 家企业中银行贷款预期贷款额度 50 万～100 万的占比 46.25%，

银行不能满足小微企业贷款需求的有52家，占比65%，发现银行提供的额度与企业的贷款需求额度不匹配；从贷款期限看，农村信用社和邮储银行提供的贷款期限平均都在2年以下，而调查问卷中显示，80家有贷款的企业中有68家的预期贷款期限在2年以上，占85%，28家获得贷款的企业中有16家认为银行提供的贷款期限与企业需求也不匹配如表7.11所示。

表7.11 农牧区企业贷款额度与期限满足情况

调查项目	选项及比例（80家）
贵企业的预期平均贷款额度为	10万以下5家（6.25%）；10万~50万23家（28.75%）；50万~100万37家（46.25%）；100万以上15家（18.75%）
从银行获得的贷款额度是否能满足贵企业的融资需求	是28家（35%）；否52家（65%）
贵企业的预期平均贷款期限是	2年以下12家（15%）；2~5年38家（47.5%）；5~8年21家（26.25%）；8年以上9家（11.25%）
从银行获得的贷款期限是否与生产周期相匹配	是12家（42.85%）；否16家（57.14%）

资料来源：调查问卷资料整理所得。

7.3.2.4 资金总体方面

为了了解企业资金融通状况，在问卷调查中，请填表企业对目前3年内资金紧张状况进行选择，88家企业做了回答，其中非常不紧张占2.73%，比较不紧张占7.27%，一般紧张占28.18%，比较紧张占38.18%，非常紧张占23.64%。可见，多数企业处于资金紧张状态，面临融资困难的问题。

7.4 农牧区乡镇政府（基础设施）金融供给与需求分析

农牧区乡镇基础设施建设是制约农村经济长足发展的障碍，也是新型城镇化进程中需重点推进的问题。近五年青海省农牧区基础设施建设的投资力度不断增大，2014年青海省开始步入新型城镇化建设轨道，农牧区基础设施也遇到前所未有的发展契机。农牧区乡镇基础设施建设的需求，一般由生产性、生活性和服务性三大类构成。生产性基础设施包括农村道路、电力和农田水利；生活性基础设施包括通信网络和自来水厂；服务性基础设施包括卫生医疗（卫生室）、文化教育（学校、图书馆）、体育（健身器材）等设施。通过调研详见附录 3 发现无法单纯地从金融视角研究农牧区乡镇基础设施的供给与需求，只能对其整体的现状及存在问题进行剖析，从中找出金融资源配置乡镇基础设施中存在的问题和未来可拓展空间。

7.4.1　新型城镇化进程中青海省农牧区乡镇基础设施现状

7.4.1.1　青海省海东市农村乡镇基础设施现状

首先，生产性、生活性基础设施建设方面。从县乡道路、农村公路和桥梁建设来看，2012 年农村公路建设 1505 公里，总投资 3. 97 亿元到 2016 年改建农村公路 3572 公里，总投资达 20. 85 亿元，总投资年均增长 2. 8 个百分点。以 2014 年为例，随着海东市被列为第一批新型城镇化试点地区以后，地方公共财政预算支出突破 180 亿元，支持农村基础设施得到空前发展。从水利基础设施建设方面看，从 2012 年投资 11. 45 亿元到 2016 年投资完成各类水利投资 30. 48 亿元，年均增长 3. 86 个百分点，解决了 12 万农村人口饮水安全巩固提升问题。其次，农牧区服务型基础设施方面，新型城镇化实施后从 2014 年到 2016 年，连续三年以年均 4. 06 亿元投资于农村教育基础条件的改善，完成乡村中小学标准化建设三年任务。可以发现，近五年海东市农村乡政府的基础设施建设有质的飞跃，这与城镇化相关政策实施是有密切联系的。具体情况分析如下：

（1）乐都区基础设施的情况。

首先，生产性、生活性基础设施建设方面。从县乡道路、农村公路和桥梁建设方面看，2012 年到 2015 年累计完成交通项目投资 30.1 亿元，年均增长 25%，2016 年度完成交通投资 26 亿元，达到历史最高峰，实现了区乡公路等级化、农村道路“村村通”，初步形成了“一纵五横十二出口”的路网格局。从水利基础设施建设方面看，2012 年到 2016 年，人畜饮水工程、北干渠扶贫灌溉工程等重点水利项目按期推进，完成投资从 1.74 亿元增长到 8.26 亿元，扩大灌溉面积，解决和改善人、牲畜饮水安全问题。其次，服务型基础设施方面。从 2012 年到 2016 年教育投入力度不断加大，财政对教育投入年均增长 25%。标准化学校建设稳步推进，学前教育全面落实，农村早教点建设得到中央领导肯定。特别是 2014 年，首批新型城镇化的试点过程中农民的新型农村合作医疗参合率达 99.96%，且当年完成了 4655 套农村“两房”建设。在 2016 年，投资 6990 万元实施了整村推进、易地扶贫搬迁等项目，实现 1.61 万人稳定脱贫。

（2）平安区基础设施的情况。

首先，生产性、生活性基础设施建设方面。从县乡道路、农村公路和桥梁建设方面看，2012 年到 2016 年，切实加大农村环境卫生保洁工作力度，交通建设完成投资从 6500 万元增长至 25.2 亿元。从水利基础设施建设方面看，2012 年农村水利项目完成投资 1.75 亿元，到 2014 年新型城镇化的试点开始，农村基础设施建设不断加强，累计投入资金 3.4 亿元，实施了一大批农田水利、河道治理、人畜饮水、道路交通等项目，也达到投资历史最高峰。截至 2016 年底，农村水利建设达到 5.8 亿元。其次，服务型基础设施方面。2012 财政配套保洁工程启动资金 50 万元，农村环境卫生面貌发生了明显改观。同时投资近 500 万元，建设了 7 个乡镇综合文化站和 11 家农家书屋，教育基础设施建设项目总投资达 8544 万元。到 2016 年，城乡建设统筹推进，完成投资资金 6410 万元，建成农村“两房”1574 户。同年，“高原美丽乡村”建设累计投入资金1亿元，建成巴藏沟乡下星家等12个高原美丽乡村，群众生产生活条件有效改善，贫困家庭学生15年免费教育政策全面落实，义务教育巩固率达到94.54%。

7.4.1.2 青海省海西州农村乡镇基础设施现状

首先，生产性、生活性基础设施建设方面。从县乡道路、农村公路和桥梁建设方面看，2012年落实农村公路建设总投资1.89亿元，到2016年农村公路项目完成投资3.79亿元，每年增长0.34个百分点。从水利基础设施建设方面看，2012大型灌区节水改造、水利重点县、基本口粮田、草灌等项目投资2.33亿元，到2014完成投资12.5亿元，解决和改善1.5万人的饮水安全与饮水条件。2016年，重点建设农网改造项目113项投资达6.34亿元。其次，服务型基础设施方面。从2012年农村初中校舍改造工程建设开始，全州累计落实农村初中校舍改造工程资金2227万元，截至2016年，落实农村初中校舍改造工程资金3582万元，扎实推进城乡基础设施建设，城镇功能不断完善，民生事业不断进步。具体情况分析如下：

（1）德令哈市基础设施情况。

首先，生产性、生活性基础设施建设方面。从县乡道路、农村公路和桥梁建设方面看，2016年德令哈市共完成农村公路项目完成投资4472.66万元，投资5281万元新建农村道路和桥梁，农村公路通达率100%，通畅率94%。从水利基础设施建设方面看，2012年投资9660万元实施水利项目，到2016年完成水利投资2.6亿元，新增节水灌溉面积14.4万亩，解决人牲畜饮水安全问题。其次，服务型基础设施方面。2012年在中小学实施农村义务教育学生营养改善工程，受益学生3344人，校安工程总投资5244万元并建成8所学校，实施广播电视村村通2268户，投资2943万元于民族体育场馆、电影院业务用房等项目全面实施。到2016年教育教学方面投资1.25亿元，为20所贫困村卫生室配置了医疗设备，基层综合性文化服务中心建设任务完成100%，41个行政村农牧民体育健身工程建成投用。

（2）格尔木市基础设施情况。

首先，生产性、生活性基础设施建设方面。从县乡道路、农村公路和桥梁建设方面看，2012年投资11650万元，2013年农村牧区基础设施建设项目总投资11978万元。从水利基础设施建设方面看，2012年青海省第二批农村牧区饮水安全工程格尔木市建成1项，总投资882万元，到2016年，格尔木河防洪工程、灌区节水改造等项目相继实施，建成水利枢纽、防汛抗洪、农田水利等项目并完成投资11.7亿元。其次，农牧区服务型基础设施方面。2012年教育基础设施投资达到1.02亿元，完成中小学校园标准化建设任务，到2016年，深入推动统筹城乡发展，各类教育教学项目投资达29亿元，近五年教育基础设施类年均增长4.7个百分点。

7.4.2　新型城镇化进程中青海省农牧区乡镇基础设施方面存在问题

7.4.2.1　农牧区基础设施建设对政府投资依赖程度较大，金融供给的支持作用未发挥

以现有的农牧区基础设施的投资模式来看，一般有以下几种方式：区级财政直接投资、镇级财政直接投资、村级组织投资建设以及各级政府配套补助等形式。资金来源90%以上都属于财政资金，财政资金扶持成为农牧区基础设施建设资金的主要来源，农村基础设施建设资金投入渠道过窄，总量不足，而且随着新型城镇化项目的推进，农村经济的快速发展与资金供求之间的矛盾更加突出。因为农村投资具有风险大、报酬率低等特点，资本的趋利性决定了民间资本不愿意将资金投向盈利少或无盈利、风险性较大的农村基础设施建设。以2012年为例，青海省

海东市农村公路建设稳步实施。全市全年农村公路建设项目共下达计划298项1505公里，总投资3.97亿元。其中省补助资金3.21亿元，自筹0.76亿元，银行的间接贷款为零。2014年，海西州在无电地区电力工程建设总投资19639万元，其中，争取中央预算内专项资金9819万元，银行贷款6566万元，企业自筹3254万元，银行的借贷市场规模小，金融机构在农村基础设施的作用还未完全发挥，特别是民间借贷、资本市场的力量还未彰显。

7.4.2.2 农牧区基础设施建设投资出现区域性的不均衡

（1）青海省海东市与海西州农村道路建设投资方面。

调研中发现，近三年海西州农村道路基础设施建设投资额逐年减少：2014年2.85亿元，2015年2.23亿元，2016年2.2亿元。而海东市农村道路基础设施建设投资额逐年增加：2012年45.5亿元，2015年100亿元，2016年110亿元，农区的海东市农村道路基础设施投资是牧区海西州的几十倍。可以看出2014年新型城镇化进程中，政府对农牧区基础设施建设投资表现出明显的不均等。同时，区域内海东市与海西州基础设施建设侧重点也不同，海东市注重农村水利发展，海西州格尔木注重电力建设。

（2）青海省海东市与海西州教育及卫生发展方面。

从表7.12可以看出海东市全市医疗卫生规模是海西地区全州地区规模的4.8倍，虽然海东市医疗卫生规模较大，但大多都是城市医院，乡村卫生所仅有27家；而海西地区医院总数328家，乡卫生所75家，乡卫生所占总卫生所的22.9%。海西州乡卫生所整体规模较小，但相比较海东市乡卫生所占总卫生所的1.7%的比例还是高的。可以得知，政府在农村医疗卫生基础建设方面投资，海西和海东的投资规模差异较大，出现较明显的地区发展不平衡状态。

从教育和卫生基础设施发展情况看，一般农村教育多为小学、初中教育、高中（+教育），大学教育多分布在县域和市区。从表 7.12 可以看出截至 2016 年海东市拥有初中 100 所，小学 297 所，而海西州初中只有 52 所，小学 42 所，海东市小学数量是海西州小学数量的 7 倍多。通过分析得知政府在农村、卫生教育方面投资，海东市和海西州存在地区差异性，海东市乡村教育方面的投资明显高于海西州。

表 7.12　青海省海西州与海东市农牧区教育和卫生基础设施发展情况 单位：个

地区	医院总数	乡卫生院	大学	高中	初中	小学
海东市	1594	27	1	6	100	297
海西州	328	75	1	2	52	42

资料来源：青海统计年鉴（2017）。

7.4.2.3　农牧区基础设施建设侧重于生产性、生活性基础设施

以海西州为例，2014 年新型城镇化后，海西州政府对农牧区基础设施建设投资侧重于农村基础设施，其次是水利、电力基础设施建设的投资，用于教育与卫生的服务性生活性基础设施投资所占比例小。2015 年格尔木市农村牧区生产性基础设施建设总投资 11978 万元，教育设施建设总投资 7013 万元，医疗卫生总投资 8057 万元，文化体育总投资 5599 万元，由此得知政府农牧区基础设施投资重点在农牧区生产性基础设施建设方面。2016 年格尔木农村商业银行发放金融支持农村基础设施贷款 6897 万元，其中基础设施建设贷款 5297 万元，公共服务贷款只有 1600 万元，所占比例极低。

7.4.2.4　农牧区基础设施建设的融资渠道和融资模式单一

目前，青海省农牧区乡镇基础设施建设表现形式为政府补助、银行贷款、股票、债券筹资等多种形式，但主要是以政府补助为主，银行贷款为辅的融资渠道。随着新型城镇化的深入，农牧区基础设施的金融需求越来越迫切，且规模大、期限长，单纯依靠政府财政支持，缺乏可持

续性。以海东市平安区为例，2012 年乡镇财政管理体制改革积极推进，做大做强融资平台，共完成投融资 5. 3 亿元，其中基础设施项目贷款 1. 63 亿元，社会融资 2. 73 亿元，BOT 模式 0. 94 亿元，融资平台注册资金达到 2. 92 亿元，总资产达到 9. 7 亿元。以海东市乐都区为例，2013 年乐都区全省首个“PPP”模式建设的污水处理厂工程成为国家级示范项目，但是无论融资规模或融资渠道都同新型城镇化农牧区基础设施的需求存在较大差距。

7. 4. 2. 5　生态环境制约金融支持农牧区基础设施建设的积极性

青海省农牧区属于欠发达地区，大部分基础设施贷款需要担保机构参与，但是有能力担保且愿意担保的小微企业很少，担保申请困难。同时，农牧民逃债现象频繁发生，影响了在金融机构的诚信记录，增加了农牧民贷款的难度，也严重地打击了金融机构信贷支持“三农三牧”的积极性。且农牧区的基础设施建设项目特点多为收益少、投资收益期长、见效慢、项目财务问题频发，导致部分项目根据国家信贷相关规定无法进行放贷支持。

7. 5　新型城镇化进程中青海省农牧区金融供给与需求特征

7. 5. 1　新型城镇化进程中青海省农牧区金融供给的主要特征

根据上面的分析可知，目前青海省农牧区已经形成以银行、保险、证券构成的金融供给主体，随着新型城镇化的推进，农牧区金融的服务对象日趋明显，如表 7. 13 所示，金融供给主体的特征也愈显突出。

表 7.13 青海省农牧区金融机构主要业务类型和服务对象

<table>
<tr><th colspan="2">金融机构</th><th>主要业务</th><th>目标客户群体</th></tr>
<tr><td rowspan="8">银行机构</td><td>农业发展银行</td><td>农副产品国家专储、购销贷款、加工企业贷款、基建和技改贷款、财政贴息农业贷款</td><td>粮食营销企业、政府有关部门、加工企业</td></tr>
<tr><td>农业银行</td><td>存款、农村工商贷款</td><td>农牧区乡镇政府、部分农牧户</td></tr>
<tr><td>农村信用社（农商行）</td><td>存款、农村工商业贷款</td><td>农牧区企业、农户</td></tr>
<tr><td>邮政储蓄银行</td><td>存款、农村商业贷款、小额信用贷款</td><td>农牧区企业、农户</td></tr>
<tr><td>小额贷款公司</td><td>存款、农村商业贷款</td><td>农牧区企业、农户</td></tr>
<tr><td>村镇银行</td><td>存款、农村商业贷款</td><td>农牧区企业、农户</td></tr>
<tr><td>农村资金互助社</td><td>农牧民间的小额贷款</td><td>互助组织内的农牧户</td></tr>
<tr><td>其他民间借贷</td><td>亲朋好友间的小额贷款</td><td>亲朋好友</td></tr>
<tr><td>保险机构</td><td>中国人保公司青海分公司</td><td>涉农财险、新农合（大病医疗保险）</td><td>农牧户、农牧区企业、农牧区乡镇政府</td></tr>
<tr><td>证券机构</td><td>起步阶段</td><td>小城镇建设债券、农产品期货等</td><td>农牧区乡镇政府、农牧区企业</td></tr>
</table>

资料来源：调研资料整理所得。

7.5.1.1 要求多元化的农村金融供给主体

新型城镇化使农牧区的农牧民生活变得多样化，农牧区的企业经营变得现代化，农村乡镇基础设施建设变得规模化，从而造成多层次的资金需求。长期以来农村信用社的资金实力较弱，很难满足这种需求，这就需要建立包括村镇银行、小额贷款公司等在内的各种农村新型金融机构，实现农村金融供给主体多元化，依据不同类型金融机构之间的分工合作和功能互补，才能有效地满足新型城镇化建设对资金的多层次需求。

（1）金融供给主体区域布局不均衡。

青海农牧区自然条件恶劣，经济基础薄弱，区域间经济发展不平衡，农村金融市场发育程度参差不齐，农牧区金融供给在区域布局上出现不均衡现象。据调研资料显示，青海省农牧区金融机构农区的海东市布局数量最多，牧区的海西州相对较少；在县域区域内，城镇金融机构相对较集中，而在贫困、交通不发达的偏远地区，金融机构极度稀少。以具体调查的四个地区为例，经济较发达的海东市乐都区和平安区的金融机构布局数量最密集，其他地区依次减弱。特别是服务于偏远贫困地区的农牧户及农牧区企业金融机构少之又少，缺乏合理的布局。

（2）金融供给主体机构单一。

从东部沿海发达省份的农村地区来看，各类农村金融机构为农户与农企提供了多层次的、多方位的金融服务，农村经济越发达，农户与农企获得的金融服务越理想。依据调查资料显示，在青海省农牧区，金融服务机构比较单一，农业银行走商业化路线，营业机构从农村地区收缩，支农力度趋弱；邮蓄银行规模受制约；农业发展银行只对当地政府提供信贷资金支持，不直接对农牧户提供金融服务。为农牧户提供信贷服务的就只剩农村信用社、邮储银行，最为便利的村镇银行和资金互助社比例只占4%左右（调研资料统计），便利的惠农点服务还在起步阶段，未真正发挥效益；而农牧地区企业的服务主要来自农业银行及农村信用社，来自村镇银行和资金互助社的比例不到2.6%（调研资料统计）；农村金融机构的趋利性，促使农村基础设施的建设主要依赖于政府财政补贴。同时，农区和牧区也存在差异性，服务于农区的金融机构更具有活力，而服务于牧区的金融机构积极性则欠佳、创新能力较差。以乐都区为例，乐都区有一家村镇银行——乐都三江村镇银行，一家资金互助社——乐都区雨润镇兴乐农村资金互助社，地处牧区的海西州新型金融机构稀少，农村担保公司、农业保险公司、融资租赁公司等金融机构处于弱势状态，所以农牧区金融机构供给服务主体单一是制约农村经济发展的主要症结所在。

新型城镇化是人的城镇化，收入的城镇化，产业的城镇化，长此以往，农牧区金融市场将失去竞争与活力。金融供给主体的单一，也使得农牧区金融机构难以错位竞争，差异化的金融机构体系的构建成为无源之水。

7.5.1.2　要求多样化和现代化的农村金融服务

依据上面的调研分析发现，服务青海省农牧区的金融品种单一、手段落后是长期存在的现象。随着新型城镇化的深入发展，人的城镇化是核心，传统的存款、贷款、转账结算金融服务，已不能满足不断市民化的农牧民需求，从而要求金融机构根据农村金融主体需求，不断创新，丰富服务品种和模式。城镇化也将带来农村生活方式和消费习惯的转变，因此，农村金融机构在服务品种和模式方面，还要敢于尝新，借助于现代化的和互联网及移动等服务平台提升金融服务的质量。在调研中发现，地处偏远的青海省农牧区，地广人稀，金融机构网点少，主要是因居住地分散，办理业务不方便等初级阶段的问题还未真正解决。

7.5.1.3　要求规范化的农村民间借贷

青海省农牧区正规金融的供给不到位，农村非正规金融的民间借贷将成为新型城镇化资金来源的必要补充。调研资料显示青海省海东市和海西州农牧民的民间借贷占到其贷款的71.85%（调研资料统计），“血缘”“地缘”是农牧区民间借贷所依靠的融资渠道，虽然能缓解资金的供求矛盾，解决农村金融借贷活动中信息不对称问题，可以遏制逆向选择和道德风险的发生，但是，由于民间借贷的不规范运作，高额利息的借贷活动缺乏有效监督，也阻碍了此类金融机构的发展壮大。因此，如何让农村的民间借贷拥有合法外衣，真正走向“阳光化”是新型城镇化下农牧区金融发展的客观需求。

7.5.1.4　要求政策型金融加大对农村的支持力度

新型城镇化过程中，农牧区的基础设施建设、农业现代化和新型产业的发展、农牧民就业和创业及公共服务体系等建设方面，都会产生巨额的资金需求。但是，这些项目大都属于微利甚至无利项目，具有很强的公益性，再加上农村经济抗风险能力较差，商业性金融投入的热情不够。因此，农业发展银行等作为农业政策性金融机构，需要加大“三农三牧”信贷投入，积极扩大支农范围，大力支持新型城镇化建设。

7.5.2 新型城镇化进程中青海省农牧区金融需求的主要特征

青海省农牧区金融需求主体，经历了三次大的飞跃，形成了现在农村经济组织由分散的农户、专业合作社、家庭农场、专业大户和农业产业化龙头企业并存的新局面。与此同时，为适应“三农三牧”经济的长足发展，加大农村基础设施建设项目支持力度，不断改善和优化农村生产方式和生活条件，成为新型城镇化金融需求主体的重要目标。为了便于归纳整理农牧区金融需求主体的调研内容，现仍以下面三个层次为金融需求主体的划分标准，如表 7.14 所示。

表 7.14 青海农牧区金融需求主体及信贷渠道

需求主体		信贷需求	信贷渠道
农牧户	普通型	生活开支、小规模生产贷款	民间借贷、扶贫政策性资金
	生产型	小规模生产贷款、生活开支	民间借贷、小额贷款公司、合作金融机构
	市场型	专业化规模化生产和工商业贷款	小额贷款公司、合作金融机构
农牧地区企业	小微企业	启动市场、扩大规模	小额贷款公司、合作金融机构、商业性信贷
	中型企业	面向市场的生产贷款	合作性金融机构、商业信贷
	大型企业	专业化技能型规模化生产贷款	商业性信贷
农牧区乡镇政府	基础设施建设	基础设施长期资金	政策性金融

资料来源：调研资料整理所得。

7.5.2.1 规模化的金融需求

随着新型城镇化步伐的加快，农村基础设施、教育、医疗、就业、养老等事业型项目的资金需求规模将不断扩大。根据青海省政府发布的《青海省新型城镇化规划（2014—2020年）规划》，到2020年左右，青海省城镇新增人口将达到90万人，全省常住人口城镇化率达到60%左右，居全国平均水平，海西州和海东市将分别达到75%和61%。据此估计，未来青海省城镇保障性住房覆盖率达到30%以上，青海省海东市和海西州将有76万亿农民需要在就业、住房、社会保障等方面全面实现市民化。若以人均8万元（引自国务院研究发展中心研究报告的推算）的农民工市民化成本推算，仅此这一项，至少需要608万亿元的巨额资金，从而产生大规模的融资需求。同时，人的城镇化带来农村人口市民化，专业大户、家庭农场、农民合作社等新型农业经济主体将会加快涌现，农业规模化生产将成为现实，而规模化生产将直接导致对农村金融需求的规模化。另外，农牧区乡镇基础设施的任务更是需要期限长、利率低、规模大的资金扶持。

7.5.2.2 综合化的金融需求

第一，随着新型城镇化的推进，农牧区人的城镇化金融需求将不再局限于满足农牧民低层次基础性日常生活需求，而是市民化过程中住房、医疗、就业需求大幅增加。第二，产业城镇化中农业生产综合经营是未来的必然发展趋势，单纯的种子、化肥等生产资料领域产生金融的需求已经不再是主要需求，金融需求要向民俗旅游业、流通服务业、小手工业等综合领域倾斜。第三，收入城镇化带来农牧民收入持续增加，收入的增加自然会促使他们投资理财和保险保障类方面产生旺盛的金融需求。同时，收入城镇化使得农民消费能力和消费观点也将随着收入的增加而发生变化，进而出现更高档次的消费信贷需求，农牧民生活消费性贷款需求占比87.17%（据调研资料统计），办理“住房贷款”“汽车消费信贷”等业务方面将出现新的增长点。总之，在新型城镇化进程中，由于农村生活和生产方式的转变，农村金融需求综合化的特点将越来越明显。

7.5.2.3 长期化的金融需求

青海省农牧区，出于规避风险和降低融资成本的考虑，农牧户和农村小微企业，一般习惯性地进行短期资金借贷活动，新型城镇化将打破这种固有的资金借贷期限。一是产业城镇化使农产品生产活动向附加值更高的方向转化，不断提高的农业机械化水平，农村乡镇基础设施建设的投入逐渐加大，农业生产经营周期将更长、农业投资层次将更高。二是城镇化推动现代农业产业化发展，生产环节精细化、农业产业链不断延伸，因此资金长期化使用是必然的发展趋势，农牧区的长期性金融需求会不断扩大。

7.5.2.4 差异化的金融需求

新型城镇化带来差异化的农村金融需求，主要表现在：一是需求主体差异。对于农牧户来说，收入水平越高，金融产品需求种类越多，对保险品种、证券理财的需求不断增加，特别是对农业保险购买需求达到农牧户比例的 82.35%（据调研资料统计），且对其服务质量要求越高。同时，金融机构提供的贷款额度、期限和需求，在农牧民和农牧区企业之间也有一定的差异性。日渐壮大的农村龙头企业和新型经济组织对金融服务的需求提出更高层次要求。新型城镇化对农村道路、水电设施、医疗卫生、文化教育及培训提出更高质量的要求，需要新的融资渠道和融资模式介入来满足它们差异化的需求。二是需求地区差异。青海省东西部农村地区经济基础差异较大，城镇化的发展路径和发展水平也有差异性，从而产生地区性金融需求也存在差异。相对落后的牧区海西州城镇化过程中，基础设施建设产生的金融需求较大，而农业较发达的海东市，金融需求则主要来自现代化农业实现方面，如在农产品定价和交易平台上有更多高层次意愿和期盼。三是需求信息化差异。新型城镇化带来农牧民市民化，随着文化水平的提升和观念的转变，传统的银行网点存贷款需求已不能很好地满足新生代农牧民金融需求，对手机银行、网络银行及其他电子支付平台的信息化金融服务需求越来越高。

8　新型城镇化进程中青海省农牧区金融融量测定分析

8.1　金融融量选择依据

金融融量 M，是指一个国家或地区在一定的经济条件下，金融的最大或最优容纳量，它主要由现金流量、各类存贷款、各种金融资产组成。物物交换时代，金融融量与经济总量的比值为零，因为实体经济的变动不需要货币金融来充当媒介。随着银行与货币的诞生，就产生了实物与货币的交换关系，这时有多大的实物规模，就需要有多大与之相适应的货币金融融量，这时金融融量与经济总量的比率为 1，这是金融融量的理论极限值。根据戈德史密斯的理论，我们对金融融量与经济总量建立了如下关系模型：

$$M/G=K$$

国内经济学家田力（2003）在戈德史密斯理论的基础上，进一步推出了农村金融融量理论值公式：

$$M_{地区}/G_{地区}=M_{农村理论值}/G_{农村}$$

$$\Delta M=M_{农村理论值}-M_{农村实际值}$$

针对青海省的实际情况，本文将原始公式改为以下形式：

$$M_{青海省}/G_{青海省}=M_{农牧区理论值}/G_{农牧区}$$

$$\Delta M=M_{农牧区理论值}-M_{农牧区实际值}$$

ΔM 表示金融缺口，是指金融融量理论值与实际值之间的差值。差值越大，说明农村地区的金融市场越不平衡，当 ΔM 为正值时，说明金融融量理论值大于实际值，农村地区金融市场供给小于需求，反之则供给大于需求。

8.2 相关指标体系的构建及数据来源说明

8.2.1 指标体系构建

由于数据的可得性，各变量的组成并不会像理论中那么理想，结合实际情况，尽可能使计算值接近理论值。$G_{青海省}$表示青海省 GDP，在青海统计年鉴可查；$G_{农牧区}$表示青海农牧区的 GDP，由于在青海统计年鉴上没有农牧区 GDP 这一统计指标，所以将农林牧渔每年总产值与乡镇企业每年总产值相加，即 $G_{农牧区}$ = 农林牧渔每年总产值 + 乡镇企业每年总产值；$M_{青海省}$表示青海省金融融量，$M_{青海省}$ = 全省存款余额 + 全省贷款余额 + 全省保费收入；$M_{农牧区实际值}$表示农牧区金融融量实际值，$M_{农牧区实际值}$ = 农牧区存款余额 + 农牧区贷款余额 + 农牧区保费收入；$M_{农牧区理论值}$是根据以上公式所求得值。

8.2.2 数据来源说明

研究相关数据是由青海统计局、青海金融机构调研资料整理，其他部分依据《青海统计年鉴》和《青海金融运行报告》等相关资料归纳整理所得，选取研究时间序列为 2012 到 2016 年。

8.3 金融融量测定

8.3.1 理论值

8.3.1.1 青海省、农牧区、海东市与海西州 GDP

全省 GDP 在青海统计年鉴可查；关于农牧区 GDP，这一统计指标目前无法统计，为使统计数据更接近农牧区实际 GDP，将农林牧渔每年总产值与农牧区乡镇企业每年总产值相加得到此值，即 $G_{农牧区}$ = 农林牧渔每年总产值+乡镇企业每年总产值，同理，可计算得出海东市和海西州 GDP，如表 8.1 所示。

表 8.1 青海省、农牧区、海东市与海西州 GDP 情况 单位：亿元

年份	青海省	农牧区	海东市	海西州
2012	1894	264	72	27
2013	2122	310	85	34
2014	2303	327	87	40
2015	2417	319	88	42
2016	2572	339	91	44

资料来源：青海省统计年鉴资料整理（2013—2017）。

8.3.1.2 青海省金融融量值

青海省金融融量=全省存款余额+全省贷款余额+全省保费收入，如表 8.2 所示。

表 8.2 青海省金融融量情况 单位：亿元

年份	存款余额	贷款余额	保费收入	青海省金融融量 M
2012	3528	2792	32	6352
2013	4103	3398	39	7540
2014	4530	4172	46	8748
2015	5213	4988	56	10257
2016	5570	5580	69	11219

资料来源：青海省统计年鉴资料整理（2013—2017）。

8.3.1.3 青海省农牧区、海东市与海西州金融融量理论值

根据公式 $M_{青海省}/G_{青海省}=M_{农牧区理论值}/G_{农牧区}$，由上文的数据可求得农牧区金融融量理论值。

表 8.3 青海省农牧区、海东市与海西州金融融量理论值 单位：亿元

理论值 年份	青海省农牧区	海东市	海西州
2012	885	242	91
2013	1103	303	121

续表

年份＼理论值	青海省农牧区	海东市	海西州
2014	1244	330	152
2015	1355	375	178
2016	1479	397	192

资料来源：青海省统计年鉴资料整理（2013—2017）。

8.3.2 实际值

青海省农牧区、海东市与海西州金融融量实际值：青海省农牧区金融融量实际值=农牧区存款余额+农牧区贷款余额+农牧区保费收入，由于数据的可得性，将农村信用社的存贷款余额作为农牧区的存贷款余额。海东市农牧区金融融量实际值=海东市存款余额+海东市贷款余额+海东市涉农保费收入（太小忽略不计）；海西州金融融量实际值=海西州存款余额+海西州贷款余额+海西州涉农保费收入（太小忽略不计）。求得数据如表 8.4 所示。

表 8.4 青海省农牧区、海东市与海西州金融融量实际值 单位：亿元

年份＼实际值	青海省农牧区	海东市	海西州
2012	455	86	28
2013	523	97	34
2014	585	106	50
2015	564	103	74
2016	616	115	91

资料来源：青海省统计年鉴资料整理（2013—2017）。

8.3.3 缺口值

根据公式$\Delta M = M_{农牧区理论值} - M_{农牧区实际值}$，结合上文理论值与实际值数据，求得青海省农牧区、海东市与海西州金融融量缺口值，如表 8.5 所示。

表 8.5　青海省农牧区、海东市、海西州金融融量缺口值　　单位：亿元

缺口值 年份	青海省农牧区	海东市	海西州
2012	430	156	63
2013	579	205	87
2014	659	224	102
2015	791	272	104
2016	863	282	101

资料来源：根据上文资料计算所得（2012—2016）。

8.3.4　金融融量测定小结

综上所述，如图 8.1 所示，从青海省整个农牧区看，金融融量缺口从 2012 年 430 亿元增至 2016 年 863 亿元；海东市从 2012 年 156 亿元增至 2016 年 282 亿元；海西州从 2012 年 63 亿元增至 2016 年 101 亿元，近五年金融融量缺口一直都处于不断增长状态。从省内不同区域看，近五年海东市金融融量缺口值年均 25.2 亿元，远远大于海西州的 7.6 亿元，在 2014 年，随着新型城镇化的综合试点的出现，海东市出现金融供给与金融需求不匹配的现象，且矛盾日趋激烈。因此，强化金融支持力度、提高农村金融资源配置效率，是深化农村金融改革如何更好地服务未来农村经济发展的必然选择。

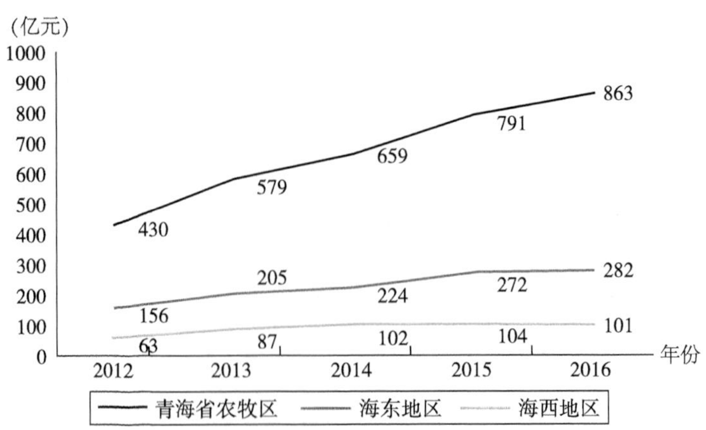

图 8.1　青海省农牧区部分地区金融融量缺口示意图（2012—2016）

9 新型城镇化进程中青海省农牧区金融供需发展中存在的问题、成因及对策①

9.1 新型城镇化进程中青海省农牧区金融供给与需求中存在的问题

9.1.1 农牧区金融供给与需求缺口扩大

9.1.1.1 金融融量方面

根据前面第八章中的金融融量测算分析可知，不管是青海省整个农牧区金融融量缺口值，还是省内海东市和海西州近五年金融融量缺口一直都处于不断扩大状态，且海东市金融融量缺口值年均达 25.2 亿元，说明随着 2014 年新型城镇化的综合试点，海东市农村地区的金融供给与金融需求不匹配现象日趋严重，各个金融主体对资金的需求量在持续走高。依据前文中的调研分析我们知道，农牧区城镇化建设需要大量资金，如果金融供给与需求缺口不断扩大，对于资金基础匮乏的农牧地区，无疑是“雪上加霜”。

9.1.1.2 金融机构存贷差方面

青海省海东市，2012 年存款余额为 295.86 亿元，贷款余额为 114.54 亿元，存贷差额是 181.32 亿元；而 2016 年存款余额为 591.49 亿元，贷款余额为 289.65 亿元，存贷差额上升到了 301.84 亿元，增长了 120.52 亿元。海西州，2012 年存款余额为 349.37 亿元，贷款余额为

① 田志鹏．新型城镇化背景下青海省农牧金融需求与供给［J］．经济管理，2016（8）：9-10

321.74亿元，存款差额是27.63亿元；而2016年存款余额为513.89亿元，贷款余额为430.89亿元，存贷差额上升到了83亿元，增长了55.37亿元，如表9.1所示。

由此可以看出，从2012年到2016年，海东市和海西州的资金存贷差日趋扩大化，农村地区的存款更多流向于带来高收益项目的城市地区，随之说明两个地区的农村资金流失现象非常严重。

表9.1　青海省海东市、海西州金融机构存款与贷款余额　单位：亿元

年份	存款余额		贷款余额		存贷差	
	海东市	海西州	海东市	海西州	海东市	海西州
2012	295.86	349.37	114.54	321.74	181.32	27.63
2013	369.73	385.61	166.87	375.02	202.86	10.59
2014	445.19	422.84	213.01	474.23	232.19	-51.39
2015	522.06	490.75	253.79	446.82	268.26	43.93
2016	591.49	513.89	289.65	430.89	301.84	83

资料来源：青海统计年鉴资料整理（2013—2017）。

9.1.2　农牧区金融供给与需求结构错位现象严重

9.1.2.1　用途及产品结构错位

第一，新型城镇化过程中，农村金融需求呈现多样化和个性化特征，既有农牧户维持日常生活开支需求和经营性农户生产经营性需求，又有农牧民市民化过程中因教育、住房、投资和保障等方面产生的其他金融需求。但目前农村金融机构提供的金融服务主要局限于储蓄、贷款和汇兑结算方面，而对于其他用途的金融需求，由于风险较大预期收益较低，农村金融机构一般意愿不强，即使提供，也需要许多苛刻的附加条件和借贷门槛。这样容易造成金融机构两难现象，即一方面，农村一些个性化用途的金融需求很难得到满足；另一方面，农村金融机构资金难寻出路，找不到新的利润增长点。

第二，随着新型城镇化的深入发展，农村金融需求已经不再局限于

传统的农业生产性信贷产品需求，消费型投资性和保障性金融产品需求日益增加。但是，作为农村金融供给支柱的农村信用社，金融产品创新不足，投资性和保障性金融产品短缺。同时，农牧区农业保险的险种和覆盖率也不能满足农村需求主体的分散风险需求。农村金融产品供给的单一性和新型城镇化对金融产品需求的多样性、层次性，造成农村金融产品结构严重错位，加剧了农村金融供求矛盾。

9.1.2.2　资金规模、期限结构错位

新型城镇化的发展势必带来农业生产经营方式变革，多样化的生产经营方式产生期限长短各异的多样化金融需求。新型城镇化进程中，农村新型经济主体不断涌现，不同规模大小的各种农业生产经营企业有短期流动性资金需求，更需要扩大再生产的长期发展资金。但从农村金融供给来看，满足短期流动性资金需求是农信社金融产品的特点，长期性大规模金融产品供给较少，使得农村金融供求期限出现不匹配，不能满足经济发展需求。

依调研分析发现，农牧户的需求借款额度大部分分布在2万~5万元，期限为2~5年，而银行所能提供的平均额度为2万元以下的小额消费贷款，期限大多在2年以下。调研发现一般农牧企业的预期贷款额度为50万~100万元的占比为46.25%，银行不能满足中小企业贷款额度需求的占比达65%。贷款期限上对支农支牧贷款的需求在期限上要求更多样化，整体期限相对延长，青海省海东市农产品种植与加工需要1~4年，青海省海西州农牧民养殖牦牛需要3~5年，而原《农村信用社贷款管理办法》规定，支农牧业贷款期限最长不得超过2年，这种期限规定只适合传统的粮食种植与普通养殖业，农村信用社不以农牧业生产周期为依据来合理确定农牧户贷款期限，而是根据贷款管理办法来确定贷款期限，使得银行提供的贷款额度期限与农牧户、农牧企业需求存

在错位，势必造成大量的贷款逾期。

9.1.2.3 金融机构设置区域结构错位

新型城镇化过程中，由于青海农牧区金融市场发育程度的不同，青海省农牧区金融供给在区域布局上呈现错位现象。据调研资料显示，农牧区金融机构布局数量排列如下：西宁市最集中、海东市、海西州等地区依次递减，经济落后的农牧区金融机构分布密度极小，这就造成了大区域上的分布失衡。在市区和县城区域内，金融机构相对而较多，而在贫困、交通不发达的农牧区，金融机构极度稀少。以具体调查的四县为例，经济较发达的海东市金融机构数量比经济欠发达的海西州要多，偏远贫困区农牧户和农牧地区企业普遍反映办理金融业务不方便，所以农牧区金融机构区域设置结构错位影响城乡统筹协调发展的步伐。

9.1.3 农牧区金融供给与需求技术矛盾突出

新型城镇化带来农牧民金融素养的不断提升，各金融需求主体对金融服务的质量要求也越来越高。农村金融机构要想提高服务质量，深化金融服务的层次，就必须借助于现代科学技术运用更多的金融服务手段。然而，由于农村金融基础设施薄弱，农村金融机构仍以实体物理网点、人工服务为主，“手机银行”“网络银行”等现代化智能服务方式较少，难以满足新型城镇化下人们对金融服务方式的新要求。

9.2 新型城镇化进程中青海省农牧区金融供需存在问题的成因分析

随着新型城镇化进程中对人的城镇化、收入城镇化、产业城镇化不断推进，金融供给与需求之间的特征趋于明显，存在问题也逐渐增显，其成因是多方面的，主要表现在以下几个方面。

9.2.1 农牧业生产低收益性与金融机构盈利性之间矛盾

长期以来，青海省农牧业部门的劳动生产率只相当于非农业部门劳动生产率的20%左右，农牧民的人均收入低于城镇居民，农业生产低收益、农村基础设施收益时间长是客观现实。而商业化经营的银行业需要考虑在一定的收入水平上，选取机会成本最高的金融资产项目，以取得最大的经济利润。近年来，随着新型城镇化的发展和农村金融体制改革，市场化经营目标明确，农村金融机构开始走商业化路线，支农力度逐渐缩小。出于资金安全性、流动性、效益性的考虑，金融机构不愿放贷给农牧户和农牧区企业资金，农牧区“惜贷”现象比比皆是。

9.2.2 农牧业生产高风险性与金融供给风险规避之间矛盾

农牧区农牧户和农牧企业贷款目的主要是用在种植业和养殖业等农牧业上，而种植业和养殖业的生产对象都是有生命的动植物。动植物均有其自己的生命周期，对其生长环境有一定的要求，一旦生长环境遭到破坏，则会遭遇毁灭性打击，如季风影响、春寒冬冻、洪涝灾害等恶劣天气都会对农牧业的收成产生影响。青海省农牧区多是高海拔缺氧地区，自然条件恶劣灾害频繁，如果农牧民申请种植业和养殖业等农牧业生产性费用贷款时，一旦遇到上述自然灾害，必然会给农牧户带来不小的经济损失。青海省农牧区农业保险公司稀缺，农牧业自带的风险导致投保险种单一，农牧业赔付率较低。对商业银行经营者来说，不断追求资金的流动性和收益性的同时，还要更多地关注存款户的资金安全性。由于农牧业的不良贷款率高于其他行业，商业银行必然将不良贷款控制作为日常经营管理的重要组成部分，压缩不良贷款率较高的农牧业贷款规模也就在情理之中。

9.2.3 农牧区金融供给与需求之间的信息不对称

金融交易活动能否实现以及规模大小，最为关键的是借贷双方信息的对称性。信息越透明，越有利于金融中介机构存续和发展，越能吸引更多的金融交易者，在规范出清的市场进行活动；而信息封闭、传播渠道越不畅的地区和领域，金融中介机构难以发挥媒介作用，该地区也难以吸引金融中介机构的进入。青海省广大农牧区交通不便、信息闭塞，农牧民文化水平低，农牧民文盲和半文盲现象仍然存在，农牧区的信贷市场信息不对称问题严重，放贷者很难掌握农牧区借款人的信用与还款能力，例如能否按照合同约定申请贷款，获得贷款后的准确用途。金融机构许多贷款本应贷给那些具有较高预期收益或稳定收入来源的需求者，实际上却无法对客户进行准确区分，导致稀缺信贷资源被低效率利用。

9.2.4 农牧区信用和法规建设相对滞后

良好的信用法制环境，是保障借贷资金顺畅流动的必要条件。从整个青海省农牧区信用法制状况看，立法体系稍显薄弱，在农牧区还缺乏传统的抵押担保机制的情况下，对农牧区金融机构的立法保护也显得不足，尚未出台保护农牧区金融机构的合法权益的法律法规。对农牧区企业和农牧户因道德风险逃避银行债务的行为，也没有相应的法律制度约束。青海省农牧区自然环境条件和社会经济状况也给执法带来了不小的困难，农牧区人口居住分散、交通欠发达、农牧民受教育程度低、法律观念淡薄、农牧民外出打工人口流动大等因素，都不利于金融机构追讨债务，大大限制了金融机构的金融供给，也给新型城镇化的建设设置障碍。同时，农牧区征信体系滞后，信用服务的市场化程度低，农牧户和农牧区企业信用资料的收集和共享不畅，雇用专业的征信中介服务无形中增加农牧区金融机构营运成本，特别会给小型金融机构的经营带来困难。因此，加快农牧区信用法制环境建设是个系统工程，不仅需要立法部门和执法部门的配合，也需要农牧区金融机构不断深化改革。

9.2.5 农牧区金融供给治理制度缺失

青海省农牧区金融供给治理制度缺失主要表现为：一是农牧区金融

市场体系缺少有效竞争性。在农牧区，农村信用社垄断经营是客观事实，甚至是决定了农牧区的贷款定价权，这极大地损害了农牧民的权益，并且长期垄断性使农牧区金融体系失去竞争性与活力性；二是城乡金融分治导致农牧区金融供给严重短缺。由于农牧区的金融市场不成熟，资金外流现象严重，表现为信贷供给偏向经济发达的城市。即使农牧区的金融机构再多，也无法填补农牧区资金供求缺口。

9.3 新型城镇化进程中促进青海省农牧区金融供需均衡发展的对策

9.3.1 利用财税政策与财政补贴方式促进农牧区金融供给

9.3.1.1 加强财税政策激励，抑制信贷资金流出农牧区

新型城镇化是利国利民的益事，由于金融机构的逐利性，农牧区的金融机构纷纷撤出农牧区市场，针对这一问题，政府机关应积极出台维护农牧民利益的法律法规文件。一是强制要求各大商业银行在农牧区应占比例，对在农牧区金融服务贡献大的金融机构，实行奖励激励政策，促使各类金融机构信贷资金流回农牧区，使农牧区的信贷资金更多地为自己服务。二是政府要出台税收、差别准备金率和再贷款制度等方面的优惠政策，积极引导各类金融机构进入青海省农牧区金融市场。税收方面，对经营网点设在农牧区（县以下）的金融机构，应适当给予税收方面的减免；差别准备金方面，为了支持农牧区经济发展，对自愿深入农牧区的金融机构执行差别准备金制度；再贷款方面，对于在农牧区积极发挥支农支牧的金融机构，央行应对其下发再贷款金额。

9.3.1.2 当地政府财政多渠道直接补贴农牧区金融，支持农牧企业发展

由于农牧业的高风险、低收益性，农牧区金融机构为确保资金的安全性，农牧民和农牧企业很难从金融机构贷得资金。因此，当地政府可以从多渠道补贴农牧区金融机构，例如根据金融机构涉农涉牧累积贷款

额度提点补偿，累积贷款额度越多，补偿越多。建立利益补偿机制，激发投资者的积极性，降低相关投资风险，拉伸农牧企业的产业链，提高农牧产品的附加值，使农牧业的回报率能够基本达到全社会平均利润率水平。这样，人的城镇化、收入城镇化、产业城镇化的核心内容才能得以落实。

9.3.1.3 丰富农牧区金融产品的供给，满足农牧区多元化金融需求

新型城镇化进程中农牧户金融需求多元化是青海农牧区金融需求的显著特征，因此，农牧区金融供给要有的放矢。首先，针对青海农牧区金融需求的特点，政府强制农牧区的金融机构应有针对性地开发并提供符合农牧户基本需求的金融产品和服务，以简单的存取、汇兑和贷款、保险等为主基础，开发丰富多样农牧户小额信贷和农牧户联保贷款，运用电话银行、网上银行等载体，解决农村电子产品的真空状态，降低金融交易成本，活跃农牧地区金融产品的交易市场。其次，加大贷款模式创新，根据农村企业的特点和资信状况，在借贷款项时减少借贷双方信息的不对称性。最后，农牧区的资本市场尚处于起步阶段，可适度引导农业类企业发行股票、债券有价证券，培育和利用农村资本市场，推动农村直接融资市场的发展。

9.3.2 建立农牧区金融市场准入原则与退出机制

顺应新型城镇化的大环境，政府积极引导境内银行资本、产业资本和私人资本进入青海农牧区新设村镇银行、社区性信用合作组织、专营贷款业务的金融机构。根据青海农牧区金融服务规模及业务复杂程度，合理确定在农牧区新设金融机构的注册资本。这些金融机构从筹建到开业经营，都要受到青海省银监分局的受理、审查与决定，在后续经营过程中要加强持续动态监管，促使那些经营不善、缺乏活力、资不抵债的农牧区金融机构从市场退出，有效防范和化解农牧区

金融风险。

9.3.3 强化城市与农村金融的融合与合作

传统的二元经济模式，使得农牧区各类金融机构对农村市场存在诸多偏见。新型城镇化进程中，农村金融市场发生了重大变革，金融机构存在众多机遇。政府应该积极引导城市金融机构与农村金融机构的融合与合作，拓展思路，转变经营理念，降低农牧区准入门槛，特别是要创造条件吸引更多资金较丰裕的东部各类金融机构，加大农牧区农村金融市场的培育和投入。

9.3.4 积极化解农牧业贷款风险

9.3.4.1 加强农业保险建设

对于妥善解决农牧业贷款风险大这一问题，必须加强农业保险的建设。以前政府化解农牧业风险主要是通过财政补贴和社会救济这两种方法，而财政和社会资金有限，有时遭受自然灾害损失的农牧户与企业并不能及时得到补贴与救济，所以这种办法不能解决根本问题。而选择农业保险，则相当于给农牧业加了一把“保护伞”，更能有效地化解农牧业风险。但是在农牧区存在这一客观现实：农牧区农业保险发展规模很小，农牧民的农业保险意识不强。因此青海省政府的当务之急是放低保险公司在农牧区的准入门槛；扶持与补贴贫困农牧区的农业保险机构；在各农牧区成立农业保险宣传办公室，加大农业保险宣传力度等。这样农牧区的收入城镇化、产业城镇化才能不沦为“空谈”。

9.3.4.2 完善与创新担保制度

新型城镇化要求金融服务体系不断创新，农牧民及农牧企业要想解决好在金融机构的融资难问题，则需要在农牧区完善担保制度：一是由农牧户、农牧区企业以及各种专业合作社出资组建担保机构，该担保机构可以为出资成员提供担保服务，也可以为优质信誉的“会员”提供担保服务；二是由当地政府组织全额出资，在当地设立农牧区政策性担保组织或建立担保基金，为有需要的农牧户和农牧区企业提供担保；三是在农牧区由农牧工商业、个体工商户和较富裕的农牧民以市场化手段组建股份制担保公司，该公司的运行机制完全依赖于市场，省政府对业绩良好、为解决农牧区融资难做出突出贡献的担保公司给予补贴奖励；四是积极探索创新出新的担保方式，如农牧区农牧企业可以利用应收账款质押、法定代表人担保、中小企业联户担保等方式进行，农牧户可以利用农产品和牲畜等进行抵押担保。

9.3.5　建立健全农牧区征信体系，政府加强宣传与引导农牧民信用意识

新型城镇化中人的城镇化，对农牧民的诚信意识培养提出新的要求。由于青海省农牧区农牧民信用意识不强，导致农牧区金融机构的坏账率居高不下，这也是农牧区金融机构纷纷退出农村金融市场的一大原因。要解决这一问题，则要加强信用体系的建设，尽快建立覆盖广大农牧区的企业与个人信用档案数据库，为农牧区金融机构客观准确评价提供依据，并且省政府要加快征信法规的建立，让征信有法可依。因为大多数农牧民文化水平较低，对于“信用”这一概念较为模糊，他们并不知道从金融机构借得资金逾期不还会产生什么样的后果，因此可以建议由中国人民银行省分行牵头，建立“信用宣传小组”，深入广大农牧区进行信用宣传，引导农牧民建立信用意识。同时强化政府监管职能，加快民间金融立法，完善农村金融监管机制。总之，农牧区征信体系的建设，农村金融生态环境的改善，需要金融机构、农户、企业和政府的共同努力，新型城镇化进程中农村金融供求的协调发展才能实现。

9.3.6　加速发展多元差异化的农牧区金融服务体系

新型城镇化中农牧区农牧民和农牧区企业的小额零星存款服务能满

足农牧民的基本需求，但农牧民从金融机构获得贷款较困难。农牧区的资金供给如果仅仅依靠农村信用社和邮储银行，是远远不够的，并且会造成垄断现象。随着新型城镇化的不断深入，农牧区和其他地区的金融需求也表现出差异性，所以农牧区要建立起多元化、差异化的金融服务体系。首先，银行、证券、保险、担保公司等机构必须健全。其次，农牧区的金融服务与产品也要逐渐满足农牧民的需求，存款、贷款、转账结算、农业保险等基本金融服务也要齐全。最后，政府要积极引导农牧区农村信用社的改革工作，加强监管，发挥好农村信用社在农牧区主力军的作用，更好地为农牧民提供金融服务；政府要强化中国农业银行在农牧区支农支牧的金融服务意识，加大支农支牧力度；政府要进一步扩大农业发展银行在青海偏远贫困农牧区的支农支牧范围，发挥政策性银行在青海省农牧区的职能。

9.3.7　鼓励银行、保险及担保机构开展创新业务，强化对农牧区基础设施建设的支持

青海省农牧区基础设施的建设是新型城镇化发展的基石。鼓励商业银行调整信贷结构，创新金融产品，积极实施与农牧区基础设施相关的信贷政策，改善农牧区金融服务，增加对农牧区基础设施信贷的投资。充分发挥农业金融机构在三农和商业运作中的优势，加大对农牧区基础设施中长期贷款的支持力度。引导政策性投资、创业投资和股权投资基金在促进农牧区基础设施建设中发挥积极作用。继续实施涉农贷款财政补助政策，支持收益高、能市场化运作的农牧区基础设施项目，率先开展股权与债权融资，鼓励农牧区基础建设的资产走证券化业务道路。

建立规范化融资担保、保险等多种形式的信用增强机制，加强保险公司、政府部门与投资主体之间的联系，积极利用股权、债权、股

权债务合并以及投资基金等多种形式为农牧区的基础设施建设提供财政支持。加强信贷保险合作，推进“政府+企业+银行+保险”的合作机制，建立保险公司投保、银行贷款、政府提供保费补贴和风险补偿的机制，通过保险促进信贷和融资，提高各类投资建设主体的融资能力。

10　新型城镇化进程中青海省农牧区差异化金融体系的表现内容

10.1　青海省农牧区差异化金融体系的界定

依据金融功能观理论，金融体系实际上发挥着资金中介的职能，是联系资金供给方与资金需求方的桥梁。一般而言，金融体系的概念存在狭义和广义之分，狭义的金融体系仅包含金融组织体系，而广义的金融体系却涵盖了金融市场体系、金融组织体系、金融监管及创新体系和金融生态体系这四个方面。

青海省农牧区金融体系应归属于广义金融服务体系的范畴，因此，农牧区金融体系的构建是否完善有赖于发达的金融市场、健全的金融组织体系、全方位的金融监管及创新体系和良好的金融生态体系予以支持，如图10.1所示。

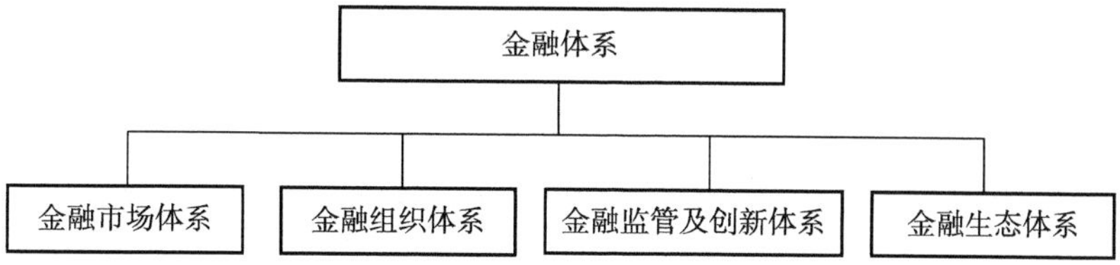

图10.1　青海省农牧区差异化金融体系构成

与传统城镇化相比，新型城镇化建设注重城乡一体化发展，统筹城乡各方资源，共同促进区域经济增长。在新型城镇化建设的过程中，资金的供求矛盾是根本问题，金融体系则担负着合理配置城乡金融资源的重任，以保障新型城镇化建设能够有条不紊地推进。因此，笔者认为青海农牧区城镇化的建设历经了新旧交替的过程，金融体系的发展在历史演变的长河中必然也会呈现一定程度的差异，故研究新型城镇化进程中农牧区金融体系的差异化具有深层次意义，如图 10.2 所示。

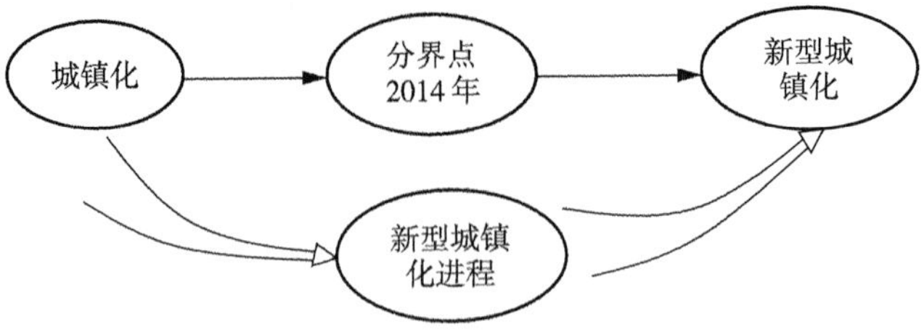

图 10.2　青海省农牧区新型城镇化进程

10.2　青海省农牧区新型城镇化进程中差异化金融体系的表现

10.2.1　农牧区金融市场体系的差异性表现

依据第五章中的实证分析得知，区域内新型城镇化建设的好坏取决于区域内经济发展的程度，而区域经济的发展又有赖于金融体系的支持。同时，衡量区域内金融市场发展程度的核心指标应为社会融资规模，它能有效地反映金融对实体经济的支持力度，也能充分体现金融市场发展的程度。

2014 年初，青海省的格尔木市和海东市分别入选国家新型城镇化的综合试点城市，这标志着青海省城镇化建设正式迈入了新型城镇化建设的道路。因此，将青海省 2015 年之前的城镇化进程归于旧的城镇化，2015 年之后的城镇化进程归于新的城镇化，城镇化模式的新旧交替必然会使得当地金融市场的布局发生改变。

10.2.1.1　从青海省金融市场的融资结构情况分析

由表 10.1 可知，新型城镇化进程中青海省社会融资结构发生了一定的变化，即新型城镇化之前社会融资的渠道主要以人民币贷款（间接融资）和信托贷款为主，直接融资的规模几乎为零。新型城镇化之后社会融资形成了以人民贷款（间接融资）为中心，多种融资渠道共同发展的格局，其中非金融企业的境内股票融资渠道的发展最为明显。由此可见，新型城镇化进程中，青海省金融市场整体呈现稳步发展的态势，金融市场交易活跃，社会融资结构也能适应新型城镇化要求作出适当的调整及优化，直接融资渠道逐渐形成。由于青海省海东市和海西州区域金融市场融资结构没有形成显著特色，故不具体分析。

表 10.1　青海省金融市场不同融资渠道的份额

融资渠道	2012	2013	2014	2015	2016
人民币贷款	—	49.10%	49.50%	59.13%	84.28%
委托贷款	—	7.00%	3.00%	6.42%	25.57%
企业债	—	12.40%	13.90%	11.48%	-8.4%
信托贷款	—	23.80%	23.90%	6.86%	15%
未贴现银行承兑汇票	—	3.50%	2.70%	9.82%	-40.42%
外币贷款	—	2.10%	1.00%	0.29%	-0.003%
非金融企业境内股票融资	—	0.00%	0.00%	4.84%	7.57%
其他	—	2.20%	6.00%	1.16%	0.14%

资料来源：青海省金融运行报告资料整理（2012—2016）；“—”为资料缺省。

10.2.1.2　从青海省保险市场和证券市场的变化情况分析

为了进一步探究青海省金融市场新型城镇化建设进程中所发生的变化，将金融市场进一步细分为证券市场和保险市场两大领域。

（1）从保险市场分析。

第一，从全省总体情况来看。新型城镇化建设之前，青海省保险市场发展较为缓慢，保费收入增长速度迟缓，其中农业保险的增幅偏小，可见保险对于农牧民的保障作用不强。新型城镇化建设之后，无论是保费收入，还是保险深度、保险密度都有了较快地增长，2016年青海省人保财险公司保险密度为1159元/人，保险深度为3%，保险密度和深度的大幅增加从侧面反映出新型城镇化进程中保险市场的发展发挥了不可剥夺的作用。从表 10.2 可知，全省的保险收入一直是上升趋势，特别是涉农的保险收入从 2014 年的 1.4 亿元涨至 2016 年的 2.67 亿元，增翻两倍，说明保险市场的支农力度不断加强，另外从 2014—2016 年新农合参合率逐渐提升也发现对农牧户等弱势群体起到了很好的基础保障功能。

表 10.2　青海省人保公司保险发展情况

年份	保险公司分公司（家）	保费收入（亿元）	新农合参合率（%）	农业险保费收入（亿元）	保险密度（元/人）	保险深度（%）
2012	1	32.4	98.29%	0.9	565	1.7
2013	1	39	98.77%	1.3	676	2
2014	1	46	100%	1.4	791	2
2015	1	56	98.55%	2.08	957	2
2016	1	69	99.22%	2.67	1159	3

资料来源：青海省金融运行报告；青海省计生委调研资料整理（2012—2016）。

说明：截至 2016 年青海省人保财险公司是全省唯一开展农业财险业务的机构。

第二，从海东市和海西州区域保险市场分析。从海东市保险市场表 10.3 及海西州保险市场表 10.4 分析可知，近五年来青海省海东保险公司分支机构数量稳定，保险公司保费和农业保险保费收入逐年增加。特别是 2014 年随着新型城镇化的推进，海东、海西地区保险密度、保险深度逐年增加，标志着这两个地区保险业良好的发展趋势，也反映出该地区保险对经济支持作用及农牧民防范风险意识的明显提升。特别是新农合参保率的增大意味着人的城镇化建设力度大大提高，保险公司在农业保险传统财产险经营基础上，通过地方财政补贴更注重对农牧民大病保险和医疗补贴支出，使农牧民的生活质量得到本质的保障。

表 10.3　青海省人保财险海东分公司发展情况

年份	涉农保险公司分支机构（家）	保费收入（亿元）	新农合参保率（%）	农业险保费收入（亿元）	保险密度（元/人）	保险深度（%）
2012	1	3.15	99.96%	0.18	187.58	1.1
2013	1	4.39	99.97%	0.24	257.59	1.3

续表

年份	涉农保险公司分支机构（家）	保费收入（亿元）	新农合参保率（%）	农业险保费收入（亿元）	保险密度（元/人）	保险深度（%）
2014	1	5.16	99.74%	0.21	299.34	1.4
2015	1	6.15	99.7%	0.24	361.73	1.6
2016	1	8.09	100%	0.24	553.98	1.9

资料来源：青海省金融机构调研资料整理（2012—2016）。

说明：截至2016年青海省人保财险海东分公司是海东市唯一开展农业财险业务的机构。

同时，从图10.3和图10.4中发现，海东市、海西州涉农保险费涨幅变化情况，从2012—2016年，海东市近五年来涉农保险一直处于上升状态，且上涨幅度保持在100%左右浮动，而海西地区的涉农保险费涨幅波动较大，到2016年涨幅达到367%。可以得出，新型城镇化推进中的2014年，由于青海省多项农牧保险产品和机制的创新，农业保险品种增多，覆盖范围扩大，支付赔款额度增加，农牧民依赖农业保险保障的信心加强，到2016年青海省涉农保险费出现最高峰值。从总体看，海东农区的保费收入及农业保费收入的增长率要大于海西牧区，这是由海东市和海西州经济发展水平本身存在的差异性所决定的。但是发现涉农保险的机构单一问题比较突出，也意味着涉农保险的市场潜力巨大，金融组织体系中的保险机构还有巨大的拓展空间。

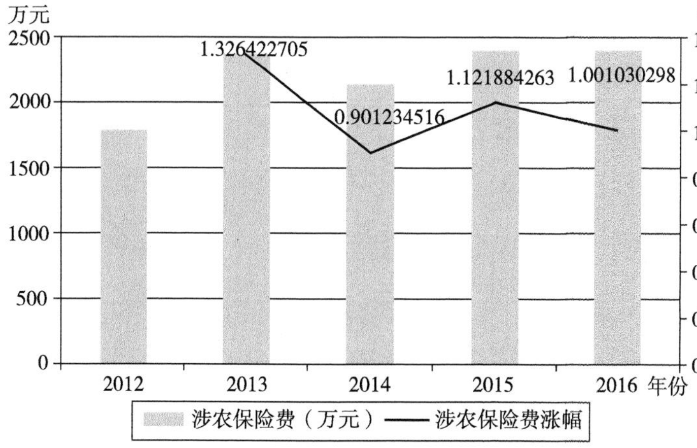

图10.3 青海省海东市涉农保险发展情况

表 10.4 青海省人保财险海西分公司保险发展情况

年份	涉农保险公司分支机构（家）	保费收入（亿元）	新农合参保率（%）	农业险保费收入（亿元）	保险密度（元/人）	保险深度（%）
2012	1	3.46	98%	0.01	858.42	0.61
2013	1	3.65	99%	0.04	894.17	0.59
2014	1	3.90	99%	0.05	771.66	0.69
2015	1	5.08	99%	0.07	100.14	0.21
2016	1	6.20	99%	0.32	1209.52	1.27

资料来源：青海省金融机构调研资料整理（2012—2016）。

说明：截至 2016 年青海省人保财险海西分公司是海西州唯一开展农业财险业务的机构。

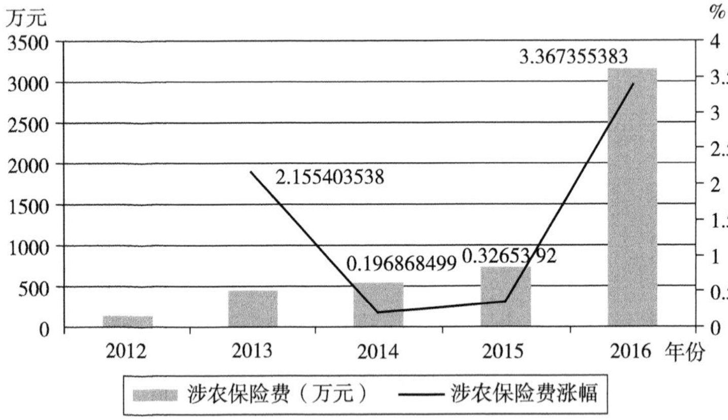

图 10.4 青海省海西州涉农保险发展情况

（2）从证券市场角度分析。

从全省情况来看，青海省 2010—2012 年证券经营机构累计交易量连续三年呈下降趋势，截止到 2012 年交易量为 1156.9 亿元。但三年的投资开户数连续增长也充分表明青海省证券行业保持着稳健发展的态势。2013 年整个证券市场发展态势良好。全年青海辖区股票交易量 1005.4 亿元，同比增长 96.8%。累计期货交易量 2104.3 亿元，同比增长 141.5%，相比之前有了质的飞跃。2014 年青海有法人证券公司 1 家，全年营业收入 1.4 亿元，同比增长 24.4%。到 2015 年全年营业收入达到 6 亿元，比上年增长 335.1%。到 2016 年末，青海省上市公司总股本129.6亿股，同比增长35.3%；总市值1657.2亿元，同比增长17.6%。融资规模显著增长，全年共完成7项融资，融资规模206.2亿元，同比增长93%。很明显在2014年新型城镇化之后，青海省证券行业发展迅猛，各项数据都呈连续大幅增长。一方面是国家政策支持，大力发展西部经济，促进西部地区金融领域的快速发展，促进东西部平衡发展。另一方面新型城镇化之后，农村金融知识的普及和发展也对青海省证券行业的进步贡献了不少力量。但农牧区证券的发展还是面临很多问题的：相对于城市来说，农村证券发展还处于比较落后的状况。受经济收入水平的限制，农牧民对证券的了解程度不高，以苦求财的观念根深蒂固，大多数农民对证券投资知识的储备几乎为零，不会辨别和分析风险。同时农牧民对证券投资的认识不到位，证券市场在农村发展的主观意愿不强，大多数农牧民都没有从耕地劳作中解放出来，缺乏基本的金融素养。另外，青海省农牧区农牧民居住较为分散，农村经济发展规模较小，农村客户交易手段的选择少，网上交易、电话交易、现场交易在农村只是起步阶段。农村地区信息网络等基础设施建设较为落后，不能为证券市场在农村地区的扩展配备基础设施。且农村地区中小企业居多，资产规模较小，针对微小企业开展证券业务获利并不会乐观。当前仅存的农产品期货种类不多，而且市场混乱，再加上专业人才的缺乏，农村证券市场的发展更是难上加难。

从表10.5可以看出，新型城镇化过程中，除政府补助，银行贷款等筹资方式外，青海省主要依靠债券方式筹集资金。2012年债券筹资是股票筹资的58倍多，2013年和2014年主要依靠债券筹资，而2015年债券筹资与股票筹资的倍数缩小为3.9倍。到2016年，当年国内债券筹资为-59亿元。虽然青海省正在加强股票筹资，促进筹资多元化，但新型城镇化过程中，青海省农牧区基础设施建设的筹资渠道仍主要依靠政府补助，银行贷款，筹资渠道较为单一。

表 10.5　青海省银行业之外的筹资规模　　单位：亿元

年份	当年国内股票（A 股）筹资	当年国内债券筹资
2012	3.4	199
2013	0	189
2014	0	216
2015	67	260
2016	53	-59

资料来源：青海省金融运行报告资料整理（2012—2016）。

10.2.2　农牧区金融组织体系的差异性表现

在新型城镇化建设之前，青海省农牧区的金融组织体系基本传承了现代金融组织体系的特点，形成了以正规金融组织为主体的体系格局。然而，由于农牧区经济发展及资源禀赋的限制，使得农牧区金融组织的发展受到了一定的限制，即传统城镇化发展无法充分实现农牧区经济新的增长点，反向影响着农牧区金融组织体系的发展，导致金融组织体系发展“二元性”失衡。

2014 年新型城镇化被赋予了新的内涵，因此在实现经济增长方面也获得了新的动力。在此过程中，大量的金融需求应运而生，也反向刺激着金融组织朝着适应区域市场体制的方向发展，基本形成了区域性、地方性金融机构协调发展的银行、保险、证券多元化的具有青海特色的金融组织体系，但同时也表现出巨大的差异性。

截至 2016 年末，青海省内银行业机构总数达到 1215 家，证券营业部总数达到 21 家、保险机构总数达到 16 家、融资担保机构 49 家、小额贷款公司 83 家、股权投资基金 3 只、基金管理机构 12 家、财务公司 1 家、互联网金融服务公司 2 家、各类创新型金融机构总数达到 183 家。由此可见，新型城镇化建设之后，青海省金融组织体系日趋完善。

10.2.2.1　涉农金融组织机构设置的差异性

（1）涉农银行组织机构规模和从业人员数的变化。

以青海省农牧区涉农业务占比最大的农业银行和农村商业银行（信用社）为调研对象，通过调研资料显示2014年新型城镇化推进后，涉农金融组织机构供给规模不断升级，极大地满足了农牧区的金融需求，为人的城镇化、产业城镇化、收入城镇化提供机构服务保障。

2012—2014年如表10.6所示，青海省农牧区农业银行的分支机构海东市乐都区、平安区农业银行机构数量和人员趋于稳定，海西州德令哈市和格尔木市农业银行的机构数量和人员规模变化不大，但总体水平高于海东市农业区，同时也可以发现由于2014年青海省新型农村金融机构的兴起，人才从海西州流向较发达的海东市或西宁市的趋势比较明显，部分从业人员的工作积极性受到影响。

表10.6　青海省农牧区四个地区农业银行机构及从业人员变化情况

年份	乐都区		平安区		格尔木市		德令哈市	
	从业人员（人）	机构数（个）	从业人员（人）	机构数（个）	从业人员（人）	机构数（个）	从业人员（人）	机构数（个）
2012	80	7	—	—	132	9	114	6
2013	80	7	36	5	139	9	133	8
2014	83	7	37	5	141	9	120	8
2015	81	7	48	5	135	9	115	8
2016	76	7	44	4	137	9	111	8

资料来源：青海省金融机构调研资料整理（2012—2016）；“—”表示数据缺省。

2012—2014年如表10.7所示，青海省农牧区农商行机构数量整体上保持未变，从业人员增加，表明区域金融发展稳健。以海东市乐都区、平安区为代表的农区的农商行机构数量稳定，金融机构数变化不大，但高于海西州牧区的德令哈市和格尔木市。2014年新型城镇化推进后，现代新型农业优势明显，农村新型经济主体活跃，农村龙头企业崛起，农民致富的道路宽阔，农商行对地方经济的扶持作用不断彰显。海西州的德令哈农商行2013年元月重新改制为柴达木农商行，组建后的人员从原来的62人猛增加至112人，人员增长规模明显高于同一地区的格尔木农商行，灵活的治理机制吸引大量优秀从业者的加入，也为地方农村经济融资支持发挥显著作用。

表 10.7　青海省农牧区四个地区农商银行机构及从业人员变化情况

年份	乐都区		平安区		格尔木市		德令哈市	
	从业人员（人）	机构数（个）	从业人员（人）	机构数（个）	从业人员（人）	机构数（个）	从业人员（人）	机构数（个）
2012	152	20	85	8	78	7	62	8
2013	161	20	80	8	81	7	89	8
2014	167	20	95	7	85	7	100	8
2015	173	20	110	8	86	7	109	8
2016	187	20	116	8	90	7	112	9

资料来源：青海省金融机构调研资料整理（2012—2016）。

（2）新型农村金融机构数、从业人数、资产规模变化。

第一，从全省的总体情况分析。青海省新型农村金融机构的发展，有利于填补农牧区小微企业和农牧户金融服务的缺口，有利于农村金融体系的健全和发展。它是我国经济发展模式转型的产物，对政府和农民都有着非常重大的意义。如表 10.8 所示，青海省新型农村金融机构数从 2012 年到 2013 年变化不大，2014 年新型城镇化的推进，从业人员和资产规模的变化较大，从 2014 年到 2016 机构数从 4 个到 96 个，翻了 24 倍，从业人数从 51 人到 1175 人翻了 23 倍多，资产规模从 2012 年的 8 亿元到 2016 年的 75 亿，增加了大约 9 倍。这不仅代表了新型农村金融在青海省发展迅速，也代表着西部地区对金融人才的苛求。

表 10.8　青海省新型农村金融机构数、从业人数、资产规模变化表

年份	机构个数	从业人数	资产总额（亿元）
2012	3	42	8
2013	1	41	11
2014	4	51	14
2015	3	105	14
2016	96	1175	75

资料来源：青海省金融运行报告资料整理（2012—2016）。

第二，海东市、海西州地区具体情况分析。如表10.9所示，由于小额贷款公司贷款门槛较低，发放资金迅速，2012—2016年海东市和海西州的四个地区小额贷款公司数量都呈现增加态势，特别是2014年新型城镇化的推进带来了机遇，海西州的格尔木市和德令哈市小额贷款公司发展较快且数量比海东市的乐都区和平安区高出许多。尤其是海西州的格尔木市，2013年还没有小额贷款公司的出现，到2014年发展到5家，表明海西州新型农村金融扶持的主体农牧小微企业和农牧民金融需求旺盛，农村的个体经济发展增速。但是，海西州德令哈市、格尔木市的村镇银行和资金互助合作社此类的新型金融机构仍是空白，今后应是弥补的重点市场。

表10.9　青海省农牧区四个地区新型农村金融机构的变化情况

年份	乐都区		平安区		格尔木市		德令哈市	
	小贷公司（家）	村镇银行或资金互助社（家）	小贷公司（家）	村镇银行或资金互助社（家）	小贷公司（家）	村镇银行或资金互助社（家）	小贷公司（家）	村镇银行或资金互助社（家）
2012	1	1	1	—	0	—	1	—
2013	2	1	1	—	0	—	1	—
2014	2	1	2	—	5	—	4	—
2015	3	2	2	—	5	—	5	—
2016	3	2	2	—	6	—	5	—

资料来源：青海省金融机构调研资料整理（2012—2016）；“—”为缺省资料。

同时，从2015年开始，四个地区小贷公司数量几乎没有增加，小贷公司发展处于“瓶颈期”。小额贷款公司定位于“只贷不存”，公司只能从股东资本、捐赠资本、银行融资贷款，不能吸收存款。但是，小额贷款公司的贷款速度要比资金回收的速度快，资金不可避免地处于紧张状态。流动性风险是小额贷款公司进一步发展的难题。资金问题使得融资渠道较少，在融资渠道没有突破的情况下，小贷公司发展很可能停滞不前。同时大部分小额贷款公司并没有纳入征信系统，贷出款项收回面临着很大的风险，许多小贷公司也因为贷款难以收回导致资金链断裂从而破产倒闭。可见宏观政策和需求的推动，小额贷款公司改制成为当前亟待解决的问题，而征信系统和小额贷款公司的接入获批将有可能使行业生命力重燃。

同样，农牧区村镇银行发展缓慢的原因，表现在以下几个方面：一是国家没有在农村银行等机构实施与农村信用社类似的税收和金融支持政策，致使新生的农村金融机构税负加重；二是“三农三牧”贷款种类较少，农村金融服务范围较窄，难以深入有效地服务金融需求主体的需求；三是部分潜在客户信用状况较差，致使金融机构业务开展有一定困难；四是资金来源不足，资金运转缺乏灵活性。新农村金融机构的资金来源主要是资本金和客户存款。由于结算和服务方式落后，储蓄存款无法通存通兑，银行承兑汇票等业务还未开展，存款来源的稳定性较差。因此，加大政策支持力度、引导信贷资金服务三农、优化信贷资源配置、拓宽资金来源渠道等方法让新型农村金融良性发展是必然选择。

10.2.2.2 涉农金融机构开展业务差异性

仍以青海省农牧区涉农业务占比最大的农业银行和农村商业银行（信用社）为调研对象，具体分析新型城镇化进程中农牧区金融机构业务经营方面的差异性表现。

（1）海东市、海西州涉农银行机构涉农贷款业务规模变化。

2012—2016年，青海省农牧区不管是农区的海东市的乐都区和平安区，还是牧区的海西州的德令哈市和格尔木市，农业银行和农商行的涉农贷款都处于平稳增长态势，如表10.10所示。海西州农业银行的涉农贷款增长幅度要好于海东市，海东市农商行的涉农贷款增长幅度好于海西州，可以发现农业银行是海西州的支农的主力军，农商行（农信社）是海东市“农业兴，农村富，农业稳”的主要推手。特别是2014

年新型城镇化的推进，农村金融机构市场准入逐渐放开，农业占优势产业的海东市乐都区、平安区等地，门槛低、手续简便的村镇银行和资金互助社的开设，尤其受到农户、农村中小企业的青睐。同时，给该地区农信社贷款业务带来不小的压力，2016 年表现为涉农贷款的小幅下降，金融机构的区域性竞争更加激烈，也使县域新型金融机构充分释放活力，涉农机构之间的错位竞争也初具规模，同时可知顺应农村金融需求差异化的机构体系也在不断地构建和完善中。

表 10.10　青海省农牧区四个地区银行机构涉农贷款的变化情况单位：亿元

年份	农业银行		农商银行		农业银行		农商银行	
	乐都区	平安区	乐都区	平安区	德令哈市	格尔木市	德令哈市	格尔木市
2012	—	—	5.73	11.24	22.73	48.98	5.02	2.17
2013	1.145	0.054	7.99	12.59	25.50	53.37	5.69	3.44
2014	2.835	0.069	10.32	9.55	26.24	56.35	6.66	4.16
2015	4.145	0.110	9.99	10.00	24.00	51.87	9.60	5.06
2016	6.979	0.186	8.26	6.56	16.98	54.61	12.60	5.42

资料来源：青海省金融机构调研资料整理（2012—2016）；“—”为缺省资料。

（2）海东市、海西州涉农金融机构县域农村地区存款的变化。

目前关于县域农村地区存款农商行没有统计口径，只能依据农业银行的调研资料来分析归纳。如表 10.11 所示，2012—2016 年海东市县域农村地区存款数额快速增长，海西地区整体也呈现上涨趋势，海西州只在 2013—2014 年出现了一次小幅下降，海东市县域农村地区存款数额要高出海西地区。2012—2016 年海东市县域农村地区的存款从 76.8 亿元增长至 135.59 亿元，几乎翻了一倍。我们知道，农业银行县域地区存款的数额和该地区农民收入成正比，与农村地区企业的发展有正相关关系，特别是 2014 年海东市、海西州被列入新型城镇化试点城镇后，县域农村地区存款迅速增加，说明银行已有充足资金发放贷款来反馈支持农村经济的发展，从而在区域内形成一个互为良性发展的融资循环，可以很好地促进农村经济和涉农金融机构的双赢发展。

表 10.11　青海省农业银行县域农村地区存款变化情况　　单位：亿元

地区	2012	2013	2014	2015	2016
海东市	76.8	91.4	100.3	117.97	135.59
海西州	26.24	25.18	20.63	21.79	31.86

资料来源：青海省农业银行调研资料计算整理（2012—2016）。

（3）涉农保险机构经营业务变化。

我国农业保险有广义和狭义之分，狭义的农业保险主要是种植业保险、林木保险及养殖业保险，而广义的农业保险，除狭义的农业保险之外，还涉及三农保险产品，比如农房保险、农机保险等，如表 10.12 和表 10.13 所示。我国 2013 年 1 月 1 日开始执行《农业保险条例》，支持发展农业保险，农业保险保费规模飞速增长，除持续经营传统产品外，逐步出现不少创新险种，如价格保险、收入保险及天气指数保险、农产品期货指数保险等险种。

表 10.12　我国农业保险的主要险种

分类	主要内容
种植业保险	粮食作物保险、经济作物保险、其他作物保险、农作物火灾保险
养殖业保险	牲畜保险、家畜保险、水产养殖保险、其他养殖保险
林木保险	森林保险、经济林保险和苗圃保险

资料来源：中国保监委资料整理。

表 10.13　我国农村保险的主要险种

分类	主要内容
农村人身保险	农村医疗保险、养老保险、农民工保险、子女教育及意外伤害保险
农村财产保险	传统农业保险、农村家庭室内财产保险、农房保险、机动车保险、农机具保险
新型保险品种	价格保险、收入保险及天气指数保险、农产品期货指数保险

资料来源：中国保监委调研资料整理。

首先，从全省整体情况来看。

2007 年青海省农业保险工作开办以来，经过 2012—2016 年的发展，农业保险的保障能力、保障范围不断提高，特别是在 2014 年后保险在支持“三农三牧”风险保障方面的作用发挥得越来越突出。主要表现在：

第一，积极争取政府政策支持和财政资金补贴。财政补贴中央、省级、县级三级农业保险补贴从2012—2016年不断提高，2012年增长23.3%，2013年增长48.43%，2014年新型城镇化推进后，整个农业保险总计划补贴同比提高58.43%，财政补贴得到质的飞跃，到2016年底省内各级财政对农牧业保险保费补贴在原来基础上同比增长89.83%。

第二，农业保险品种不断丰富，保险产品不断完善。2012年始开展牛羊、大田作物、油料作物、日光节能温棚蔬菜、能繁母猪、奶牛等16种政策性险种发展到2016年的20种类，如表10.14所示，为农牧户和农牧业发展起到保驾护航的作用。特别是2014年开始，全省不断充实农业保险服务网络，为保险的申报、理赔、支付起到基础性作用。

第三，保险赔付额和农户受益面不断增大。从2012—2016年保险赔付额逐年上涨，2012年农业保险累计赔付5634万，2013农业保险累计赔付7655万元，2016年赔付支出2.73亿元，同比增长92.5%。从2012—2016年农户受益面看，2012年2.3万户（次）农牧户从中受益，2013年3.45万户（次）农牧户从中受益，2014年6.58万户（次）农牧民群众从中受益，随着城镇化的推进，受益农牧户数量呈现翻倍增长趋势。截至2016年，受益农户达到9万（次）余户。

第四，农牧民民生保险不断加入承保范围。新型城镇化进程开始，2014年省财政厅、民政厅共同下文积极指导保险公司在农牧区开展小额人身保险等销售模式创新试点工作。截至2016年12月末，全省小额人身保险保费收入359.67万元，赔付支出199.15万元。2015年还在海东市平安等区农房地震保险试点，2016年继续在全省9个区县开展农房保险（附加地震责任），切实保障受灾居民灾后住房重建能力。

第五，新农合和大病保险的不断加入，为农牧民的基本医疗保障打下基础性的保障作用。2013 年 6 月起，青海省将新农合和城镇居民医保并轨，建立了统一的城乡居民医保制度。将人均筹资标准统一提高到 470 元，并将城乡居民医保基金划分为个人账户、统筹基金、大病医疗保险基金三个部分，构建“基本医疗保险+大病保险”的一体化，使得新型城镇化中人的城镇化在农牧区得到真正落实。

表 10.14　青海省农牧区农业保险发展情况

年份	主要内容
2012 年	种植险：马铃薯、青稞、油菜、小麦、玉米、蚕豆、露地蔬菜、温棚 养殖险：奶牛、能繁母猪、藏系羊、牦牛 林业险：公益林
2013 年	种植险：马铃薯、青稞、油菜、小麦、玉米、蚕豆、露地蔬菜、温棚 养殖险：奶牛、能繁母猪、生猪
2014 年	种植险：马铃薯、青稞、油菜、小麦、玉米、蚕豆、露地蔬菜、温棚 养殖险：奶牛、能繁母猪、生猪、冷水养鱼、藏系羊、牦牛 林业险：公益林、林木种苗
2015 年	种植险：马铃薯、青稞、小麦、油菜、蚕豆、玉米、露天蔬菜、温棚 价格指数：大白菜、甘蓝、胡萝卜 养殖险：奶牛、能繁母猪、生猪、藏香猪、藏系羊、牦牛、冷水养鱼 林业险：公益林、经济林、枸杞林、林木种苗
2016 年	种植险：马铃薯、青稞、小麦、油菜、蚕豆、玉米、露天蔬菜、温棚 价格指数：大白菜、甘蓝、胡萝卜 养殖险：奶牛、能繁母猪、生猪、藏香猪、藏系羊、牦牛、冷水养鱼 林业险：公益林、经济林、枸杞林、林木种苗

资料来源：青海省人保财险公司调研资料整理（2012—2016）。

其次，从海东市、海西州四个地区的具体情况来看。

如表 10. 15 所示，2012—2016 年，海东市和海西州人保财险公司保费收入和涉农保险收入、农牧民新农合参合率不断增加，其中海东市平安区的农业保费收入从 2014 年的 35 万元增长到 2016 年的 90. 56 万元，翻了近三倍，四个地区新农合参合率 2014 年也达到历史最高峰，同时涉农保险的主要三种险种保费收入也不断提高，可见新型城镇化推进对“三农三牧”的保障作用在不断强化。总体看海东市的农业保险发展势头好于海西州，保险机构对农业化解风险、提供保障发挥作用明显。但是，随着城镇化的推进，农业保费收入占保费总收入的比例地区间却出现不平衡，海东市的乐都区从2012年的0.34万元下降到2016年的0.24万元，下降了1个百分点。种植业的保费收入，从2012年693.32万元下降到2016年的366.02万元，几乎下降一半，如表10.16所示。通过调研得知随着海东市城镇建设的推进，乐都地区农村大量耕地被占用，农村经济结构调整暂时未到位，农业减产，农民收入的途径还未扩大，致使地区农业保险收入下滑，特别是种植业保险下降幅度最为明显。因此，保险机构在新型城镇化进程中，应因地制宜地及时调整保险险种，针对逐步市民化的农牧民开拓保障适度、保费低廉、保单通俗的房屋、农用机械保险和医疗、康复、养老等小额人身保险，为龙头企业和农业大户开办责任险、收入及天气指数、产品期货指数保险，也为更多保险机构挖掘农牧区未来潜在金融市场指明方向。

表10.15 青海省人保财险公司四个地区保险发展情况 单位：万元

年份	乐都区			平安区			德令哈市			格尔木市		
	保费收入	涉农保费	参合率（%）	保费收入	涉农保费	参合率（%）	保费收入	涉农保费	参合率（%）	保费收入	涉农保费	参合率（%）
2012	2025.31	707.72	97.22	2333.16	12	97.22	2559.53	29.28	98.29	6395.85	77.12	98.45
2013	2320.08	846.12	98.33	2498.95	17.75	98.33	3156.35	260.59	98.4	8326.29	97.56	98.77
2014	2286.58	647.08	99.96	2482.17	35	99.96	3276.83	245.56	99.34	1032.59	130.84	100
2015	2362.36	632.9	99.47	2897.24	84	99.47	3774.89	525.59	99.51	11206.1	45	98.55
2016	2670	659.2	99.27	3277.69	90.56	99.27	4139.82	525.36	99.11	13449.7	75.02	99.22

资料来源：青海省人保财险公司、青海省计生委调研资料整理（2012—2016）。

表 10.16 青海省海东市乐都人保公司涉农险种发展情况 单位：万元

年份	种植业保费收入	养殖业保费收入	林业保费收入
2012	693.32	14.41	未开办
2013	710.06	13.51	122.5
2014	466.91	23.78	156.39
2015	455.34	27.76	139.7
2016	366.02	142.6	150.58

资料来源：青海省海东市乐都人保财险公司调研资料整理（2012—2016）。

10.2.3 农牧区金融监管及创新体系的差异性表现

在新型城镇化进程中，金融创新是金融体系支持城镇化建设中必不可少的手段，金融创新程度的高低也必然会产生一定的金融风险，这对金融监管体系在合理高效范围内防范金融风险提出更高要求。

10.2.3.1 农牧区金融监管体系

学者们普遍认为金融监管是指一国政府金融监管部门依据相关金融法律法规对金融市场行为进行监督和管理的行为，是基于金融市场失效为前提所采取的防范和预防措施。其中，金融监管体系是金融监管活动的基础，直接决定了金融监管运行效率的高低。金融监管和金融创新存在一定的互动机制，激进的监管机制在降低金融创新的效率同时降低金融风险，而宽松的监管机制在提高金融创新效率的同时也会增加金融风险。因此，谈及金融监管体系就必须将其与金融创新体系相联系。

就金融监管体系而言，新型城镇化建设之前青海省农牧区监管体系主要分为两类：一类是以各县（市）银监办为主体对银行类金融机构的监管，另一类则是以各县（市）金融办、商务局为主体对非银行类金融机构的监管。在新型城镇化建设推进后，伴随着金融市场规模不断地扩大，地方性金融创新逐渐增加以及金融风险的日益突出，这对农牧区的金融监管提出了新的要求，传统的监管体系必然会存在监管的“真空区”。因此，对农牧区金融监管体系的改革和提升金融监管对金融健康运行的保障程度就成为新的议题。2015 年末，为了避免监管真空、重复监管和提高监管效率，青海省保监局与青海省银监局签署了金融监管分工合作备忘录。这一举措的意义有两面，一方面完善了在新型城镇化进程中金融风险激增情况下金融监管的体系，另一方面充分响应了国家“共享”理念，实现监管信息的共享合作，进一步达到了监管双赢的目的。但是银行、保险、证券监管交叉的真空区和套利区仍然存在，如何向东部发达地区实践借鉴成立金融监督管理局，发挥职能部门效益来不断完善青海省农牧区金融监管体系。

10.2.3.2　农牧区金融产品创新及模式创新

就金融产品创新而言，涉农金融产品的创新符合金融发展的需要，也是农牧户、农村企业、农牧区乡镇政府机构长足发展的助推器。随着新型城镇化推进，涉农金融产品的多样化发展主要体现于精准对接农牧区特色产业和项目金融服务需求，加大对农牧区企业和乡镇基础设施建设金融支持力度，结合区域经济发展结构及特点，金融机构针对市场主体的不同融资需求，不断探索推进创新产品和创新模式。

10.2.3.2.1　金融产品创新方面

（1）从全省来看，农牧区多样化的金融创新产品为农牧区企业和农牧户提供全方位的金融服务。

青海省金融机构认真落实国务院关于金融支持小微企业发展的各项政策措施，积极调整信贷结构，持续加大贷款投放，2012—2016 年，近五年小微企业贷款余额平均增长速度为 18.98%。2013 年，小微企业贷款余额 303.55 亿元，同比增长 24.76%，高于大型和中型企业贷款增幅 32 个百分点；2014 年同比增长 26.55%；2015 年贷款余额为 492.28 亿元，同比增长 14.62%。到 2016 年小微企业贷款余额已突破 500 亿元，促进了小微企业全面快速发展。保险方面，商业保险机构先后开展了城乡居民医疗保险服务、创业创新小额担保保险以及环境污染强制责任保险等，大力推进互联网融资对接业务；针对农产品大白菜、甘蓝、胡萝卜相继开设价格指数保险，为保障农户权益防范风险不断进行产品创新。

通过实地调研可知，特别是2014年随着新型城镇化的推进，农牧区企业和农牧户对金融的需求愈加旺盛，农牧区农村金融需求得到不断深化，青海省金融机构重点支持了青海省高原特色农牧业、批发零售、住宿餐饮、运输物流、民俗旅游等行业企业建设，农牧区中小企业融资难题得到有效缓解。同时，2014年以来保险机构通过《青海省创业创新小额贷款保证保险实施方案》的实施，为农牧区企业、农村专业合作社、家庭农场等农村经济体提供保险服务。2016年青海省银行业设立小微支行及小微金融服务中心，银行机构与税务部门签订“银税互动”合作协议，开展“银税互动”贷款业务，健全小微金融组织体系。对服务小微企业银行业机构下放贷款审批权限，且密集地区的网点机构给予授信权限，开辟小微企业贷款“绿色通道”。银行业机构研发出“银税互动”系列产品，推出“唐卡贷”“枸杞贷”“惠民贷”等30多种小微企业贷款品种和服务模式。一方面，增加对小微企业的网点、资金的投入，满足小微企业金融需求，提升小微企业核心竞争力，推动实体经济发展；另一方面，壮大小微企业实力，充分激发企业吸纳就业、改善民生、促进稳定的作用，推动了实体经济与社会民生协调发展。

（2）从具体地区来看，海东市和海西州涉农区域性金融机构推出适合地方金融需求产品服务于地方经济发展。

2012—2016年各地金融机构结合地方特色产品、优势产业开展多种金融产品服务，满足金融需求主体的要求。特别是2014年新型城镇化以来，海东市和海西州金融机构开发的金融产品层出不穷，贷款力度不断加大，创新性地开设农村电子商务平台，全方位地发挥金融机构体系支持“三农”任务，如表10.17所示。

表 10.17　青海省金融机构涉农金融产品创新表

年份	主要内容
2012	高原生态畜牧贷、枸杞贷、柴商宝、金穗枸杞贷、紫丁香等
2013	智付通、小微企业最高额抵押循环贷款等
2014	惠农通、环境污染强制责任险、创业创新小额贷款保证保险
2015	助农 POS 取款点、绿色信贷、个人助业贷、e 农管家
2016	银税贷、税易贷、税贷通、一抵通、小额资助循环贷、国开农贷、国开微贷、速贷通、唐卡贷、起航贷、助微贷、随心贷、商圈贷惠民贷、惠农资金支付“直通车”、惠民一卡通、e 商管家

资料来源：青海省金融机构调研资料整理（2012—2016）。

海东市从 2012 年开始，金融支农机构制定支农发展战略，新农保、新农合项目层出不穷，金融机构和扶贫局、民政局联合发放电子产品“智付通”，为农户提供便捷金融服务。例如海东市乐都区，2013 开始以“春天行动”“激情仲夏”“赢在金秋”等营销活动为契机，不断丰富产品组合，加强与行业协会、龙头企业、担保公司的合作，加大对小微企业的扶持力度。乐都农业银行 2013 年扎实推动农户贷款客户结构优化调整，全年发放农户贷款 653 万元促进农户贷款业务稳步转型。2015 年海东东部城市群的建设开始，依托建设“一带一路”推进新型城镇化，乐都农业银行给龙头企业、专业合作社发放贷款 7200 万元，个人助业贷款、农户贷款 6400 万元；惠农通服务点 193 个，乡镇、村级有效服务点覆盖率 70%，金额 8700 万元，e 农管家试点工作开始，搭建电子商务平台，交易金额 60 万元。同时，海东市平安地区 2015 年 11 月，第一家助农 POS 取款点在平安区古城乡挂牌营业。助农 POS 取款点的设立，不仅改变了农村金融机构少、金融服务弱的现状，同时还把银行现代支付服务延伸到偏远乡镇，积极解决金融基础服务，更好地为广大农民提供方便、快捷的服务。2016 年农业银行放贷给农产品购销公司 1800 万元的贷款需求；专业大户和蔬菜、肉牛繁育专业合作社发放贷款 1600 万元；县域特色农业 19 个乡镇，与海东市轻工担保局合作给专业合作社支持流动资金860万元；同时，金穗惠农通服务点增至221个，乡镇和行政村覆盖率分别达100%和82%，e商管家、e农管家，交易额4056万元，e农管家交易金额达8000余万元。2016年为推进“惠农通”加大惠农卡发卡力度，以各类财政补贴款、医疗报销款、农副产品销售款、务工收入、农户贷款还款等为着力点，提升惠农卡一卡多功能和多应用，让农行“惠农卡”成为县域农户金融消费首选和必持的金融消费工具。

海西州自2012年开始，涉农金融机构全面推出符合地方特色的“柴商宝”“枸杞贷”“金穗枸杞贷”“高原畜牧贷”“紫丁香”系列自助循环贷款业务等特色金融服务，极大地满足了农户、农村企业的金融需求。截至2016年底，海西州德令哈市柴达木农商银行共授信“柴商宝”金额3610万元，累计发放“枸杞贷”金额4200万元。同时，德令哈农业银行开展“枸杞贷”产品担保方式多样化，最高贷款金额1000万元，可满足一般企业及个人资金需求，2016年底“金穗枸杞贷”累计发放2042万元。

针对农牧区企业，海西州农业银行开展小微企业连带通总额从2012年到2016年，贷款总额分别为0.15亿元、0.25亿元、0.92亿元、1.74亿元、1.35亿元，可以发现2014年新型城镇化推进以来农牧区企业的贷款成倍数增长。2013年格尔木农商行推出“小微企业最高额抵押循环贷款”，后来中国银行业监督管理委员会把“小微企业最高额抵押循环贷款”评为“小微企业金融服务银行特色产品”。截至2016年，格尔木农业银行向小微企业高管发放“紫丁香·精英卡”授信额度1.38亿元，创新以“高原生态畜牧贷款”产品为主的“高原畜牧贷”，共发放高原生态畜牧贷款1200万元。

针对农牧户至2016年末，海西州农村金融机构向农牧户发放、推广“紫丁香”系列自助循环贷款业务“福农卡”授信额度达1.88亿元；为方便农牧民零星支付需求，普遍开展金穗惠农助农取款点。以海西州农业银行为例，金穗惠农助农取款点从2012—2016年，分别是0、2、55、70、70点，特别是2014年，井喷式地增加至55点，新型城镇化推进惠农服务点的增加，大大方便了农牧户、农牧区企业的金融需求。

10.2.3.2.2　金融模式创新方面

就金融模式创新而言，青海省农牧区金融创新模式日益完善。一方面，2015年青海省投融资平台在保险直投、资产证券化、永续票据等实现零的突破，并且成功发行了全国首只15年期100亿元中期票据、50亿元保障房私募债和西部首例17亿元资产证券化项目。另一方面，在新型城镇化进程中，农牧区银行机构金融创新模式推陈出新，取得了显著成效。2012—2016年，金融机构贷款模式创新上既有人民银行统筹安排的“普惠金融”“精准扶贫”，也有2015年独创的青海品牌“双基联动”等内容，银行机构为了满足金融需求主体的贷款资金需求进行了积极的探索和努力，如表10.18所示。

表10.18　青海省金融机构模式创新的主要内容

年份	主要内容
2012	新农合
2013	普惠金融、国农贷、一村一品、一镇一业、惠农卡+服务点+代理项目
2014	集中连片、农户联保贷、农户个体工商户贷、农户抵押贷、信贷补短、保险+信贷等
2015	双基联动、精准扶贫、绿色信贷、530贷款①模式、金惠工程导入+信用体系建设+多元化金融服务+金融政策定向支持
2016	证银俱、证银保、“两权抵”押贷款、九州证券“深耕”青海、中金期货“三农三牧”、绿色金融、投贷联动、移动金融体验区

资料来源：青海省金融机构调研资料整理（2012—2016）。

（1）从全省金融机构总体情况分析。

2012年，针对农牧区的农牧民开展新农合大病医疗系列产品，人

① 530贷款：金融机构针对农村贫困户发放的金额为5万元，借贷期限为3年期，0利率的一种贷款模式。

保公司创新型地开展多种保险模式服务地方农牧民。

2013年，村镇银行通过“国开农贷”模式发放涉农贷款2.15亿元，占村镇银行发放量80%，涉及设施农业、养殖业、食品制造业、乳制品加工业、批发零售等多个行业，同时，各家金融机构发挥了支持“三农三牧”的主力军作用，利用多种对口融资方式，对“三农三牧”融资实行了“一村一品”“一镇一业”的发展模式。

2014年新型城镇化推进后，全省范围内逐渐开始推行“牧户+农村专业合作社+财政资金担保+信用工程”“补助抵押+农户贷款”“公职担保+牧户”“信用村+信用贷款”等特色支农信贷模式。2014年末，青海省农村信用社联合社普惠金融资产总额1083亿元，其中，贷款占490.94亿元，促进了惠农金融服务良性发展。

2015—2016年，金融机构针对“三农三牧”服务的“双基联动”“精准扶贫”“普惠金融”等多种创新模式逐渐展开，下面对此三个模式依次展开分析。

首先，“双基联动”方面。2015年初青海省金融系统大胆创新，创造性地设计了“双基联动”模式，到年末农业银行、农村合作金融机构参与“双基联动”合作贷款的基层银行业金融机构已由15个增至123个，发放“双基联动”合作贷款9.28亿元，惠及近15万农牧户。截至2016年青海省银行业“双基联动”合作贷款余额达到47亿元，惠及61万农牧户；依托“双基联动”合作贷款，全省26个县的32家银行业机构开展了“信贷补短工程”，投放于县内“三农三牧”、小微企业的信贷资金规模，年内新增县域贷款22亿元。

其次，“精准扶贫”方面。2016年10月，中国人民银行为扶贫项目提供再贷款40.4亿元，这样一来，全省金融机构精准扶贫贷款的总量达到了1079亿元，比上一年增长40.89%。“精准扶贫”的开展使得农牧区居民人均收入迅速上涨，在精准扶贫全面推进的初始之年，全省农牧民人均纯收入由2012年的5364.4元增加到2016年的7933.41元，增长速度超出了全省平均增长水平，农牧民的生活水平得到了显著改善。

最后，“普惠金融”方面。2016年青海省被列为普惠金融综合示范区唯一试点省份，年底在全省范围内打造了77个惠农综合服务中心、服务站和特色化服务超市，一共设立惠农金融服务点4763个，在这其中，海拔4000米以上地区的惠农金融服务点就有90个，业务累计金额差不多17亿元，而且符合惠农金融服务点设立条件的村级达到了100%的覆盖率。

（2）从海东市、海西州具体区域来分析。

2012年到2016年，青海省海东市和海西州金融机构先后开展服务“三农三牧”的“集中连片”“双基联动”“精准扶贫”等项目，形成了一批符合农业农村农牧民特点的金融服务模式，着力解决农业贷款难、贷款贵、风险高等问题，为农业现代化、农村发展、农民增收提供有力支撑。2014年新型城镇化推进中，大量金融创新模式增强了涉农金融机构、农牧区金融市场效率，同时也促进地区金融机构体系的构建和不断完善。

海东市从2012年开始，金融机构为龙头企业、农场大户、家庭农场、农业合作社、小微企业开展多种形式的创新模式，壮大金融服务“三农三牧”的水平。

2013年完成了金穗“惠农通”工程重点推进目标的落实，完善“惠农卡+服务点+代理项目”服务模式，为农村地区惠农卡客户提供优质的金融服务。

2014年通过在农村优选代理商户，继续合理设立金穗“惠农通”工程服务点，新增惠农通101个，实现了乡镇全覆盖。积极探索“集中连片”服务“三农”新模式，不断提高“三农”金融服务效率。全年累计发放“三农”个人贷款607万元，个人助业贷款1790万元。

2015年海东市东部城市群的建设开始，依托建设“一带一路”推进新型城镇化建设。乐都区农行实施“双基联动贷款”，确立两个试点村，已发放试点贷款30万元；乐都农商行和碾伯镇沙沟村、洪水镇姜湾村开展“双级联动”，累积发放贷款561万元。2016年乐都农商行累积发放联动贷款2605万元。2015年平安农行支行辖区内的沙沟乡沙沟村“双基联动”，当年发放贷款250万元，2016年继续追踪发放贷款60万元。同时平安农行和古城乡新庄尔村“双基联动”合作贷款试点村，2015年古城乡新庄尔村发放贷款100万元，2016年对上年度发放的贷款进行了循环发放100万元。

2016年乐都区成为海东市两权抵押贷款创新模式的试点县，为满足各类农业经营主体的有效信贷需求，推进农村土地经营制度和金融改革进行了新的探索。

海西州从2012到2016年农村金融机构坚持“服务三农、小微”市场定位，加大对小微企业、“三农”的支持力度，结合实际推出“双基联动”合作贷款、扶贫产业贷款、贷款担保风险缓释、自助循环贷款等服务模式，助力农牧经济发展，取得了良好的经济效益和社会效果。下面从三个不同的金融创新模式展开分析：

“精准扶贫”方面，2015年海西州金融机构“精准扶贫”开展以来，其规模不断扩大。针对合作社和贫困户推出“扶贫办风险补偿资金+贫困户信用户+银行扶贫小额信贷+财政贴息”“银行+专业合作社+贫困户”等模式，通过带动贫困户脱贫致富的新型经营主体、特色优势企业、能人大户发放贷款，带动帮助贫困户脱贫。截至2016年，海西地区共建立贫困户档案2720户，为具有生产能力、贷款意愿、还款能力的贫困户投放贷款650万元，发放专业合作社贷款金额9697万元，带动287户贫困户脱贫。针对农牧业产业化龙头企业和特色种养殖业发展，推出“产业+担保基金+银行”和“扶贫担保资金+合作社（村办企业或龙头）+农户+农商行”等模式，以扶贫项目专项担保基金做抵押放大5倍支持柴达木绒山羊发展扶贫项目投放贷款915万元；发放“福牛”贷款9851万元；积极开发贷款品种，支持枸杞产业发展，累计发放枸杞产业贷款2476笔，贷款1.46亿元；发放藜麦种植贷款3笔，贷款1050万元。

“普惠金融”方面，2014年新型城镇化以来，海西州金融“一县一品”创新模式落实普惠金融。以农商行为例，截至2016年海西州柴达木农商行计发放“致富贷”金额累计达到了257万元；格尔木农商行实行“扶贫示范村贷款”措施，帮助扶贫工作整村展开，推出“扶贫示范村贷款”产品，项目授信额度给小微企业、合作社200万元，用于支持扶贫示范村特色农牧业发展，用于扶贫示范村农户的整体脱贫，截至2016年底共发放“普惠金融”金额达7001.3万元。

“双基联动”方面，2016年海西州中心支行在德令哈市尕海镇泉水村启动“双基联动”暨精准扶贫工作，累计发放“金穗枸杞贷”金额304万元。通过“双基联动”合作贷款发放的农户小额贷款，给农牧户让利息共计6.6万元，2016年双基联动合作贷款116万元。海西州柴达木农村商业银行累计向1609户农牧户、专业合作社等投放“双基联动”合作贷款10453.2万元。截止到2016年12月底，海西州农村金融机构已在28个网点开展“双基联动”合作贷款，建立“双基联动”合作贷款工作室221个，贷款业务已覆盖226个行政村及社区，发放“双基联动”合作贷款3.4亿元。

另外，海西地区金融机构还加强与担保公司合作，推出“担保公司+企业+银行”“担保公司+合作社+农户+银行”等模式，主要为涉农中小微企业、农村经济组织及农牧户提供贷款服务平台，有效解决小微企业、合作经济组织和农牧户贷款难问题。截至2016年，农村金融机构与6家担保公司开展业务合作，共发放贷款金额3.45亿元。2016年底开始，海西地区开始探索农村土地经营权质押、宅基地抵押、林权等信贷模式，一共累计发放农村土地承包经营权抵押贷款达到 617 万元，草原经营权抵押贷款达到 105 万元。

10.2.4 农牧区金融生态体系的差异性表现

金融生态体系是指一种依照仿生学原理来发展建立金融体系良性运作的模式。这种模式的推行将有利于金融体系在长期发展过程中处于一种动态均衡，也能够保障金融体系的相对稳定性。笔者认为，目前青海省农牧区信用环境建设、金融信息化建设、农牧民金融知识普及与推广是打造金融生态圈必不可少的组成部分，也是金融生态环境得以可持续发展的根基。因此，在新型城镇化建设中，金融生态体系建设也是有必要去探究的。

10.2.4.1 农牧区信用环境的建设方面

新型城镇化进程中，2012—2016 年，青海省农牧区金融生态环境正在持续性优化，信用环境逐步改善，农牧户及农企的信用档案数量每年都有所增加，如表 10.19 所示。同时，青海省力推“信用青海”政策，完善金融支付体系，惠农金融服务点呈现高增长的态势。截至 2016 年，全省农牧区信用档案 70.46 万份，相较于 2015 年的 61.9 万份上升了 13.83%；惠农金融服务点为 4363 个，较 2015 年末增加 242 个，覆盖 153 个乡镇和 2478 个行政村，惠农金融服务乡镇覆盖率和村级覆盖率分别达到 100%和 60%；企业信用档案由 2014 年的 2.3 万份上升到 2015 年的 2.4 万份。

表 10.19 青海省农牧区金融生态体系建设情况

项目 \ 年份	2016	2015	2014	2013	2012
信用档案（企业）/万户	2.67	2.4	2.3	2.0	1.9
信用档案（农户）/万份	75	61.9	41.74	40.62	21
惠农金融服务点/个	4363	4121	3412	—	178

资料来源：青海省金融运行报告调研整理资料（2012—2016）；“—”为资料缺省。

如表 10. 20 所示，新型城镇化进程中，海东市乐都区与平安区、海西州德令哈市与格尔木市个别金融生态指标由于统计口径的改变存在一定的波动，整体的金融生态信用环境在新型城镇化后有一个较为稳定的趋势。具体地，以农业银行统计口径为例，2012—2016 年，海东市乐都区的信用档案户数（农户）从 0 到 3991 户，惠农服务点从 0 到 221 个，海西州德令哈市信用企业档案数从 45 到 378，惠农服务点从 0 到 70 个，增长速度迅速。特别是 2014 年新型城镇化推进后，农村普惠金融模式的实施，农牧区惠农服务点的快速增加深化了金融服务三农的力度，信用档案户的评定为农村信用环境建设营造氛围。但同时发现海西州德令哈市和格尔木市信用企业的数量高于海东市农区，说明海东市农村小微企业的信用环境建设有待加强，企业诚信文化有待提高。我们知道健全的金融生态体系离不开金融中介的支持，青海省农牧区金融生态体系在法制、监管和政府扶持上依然有拓展空间，若能适应新型城镇化建设的发展，金融生态体系的建设就能为金融体系的构建和完善增加力量。

表 10. 20　青海省农牧区四个地区金融生态体系的建设（来自农业银行）

年份	乐都区			平安区			格尔木市			德令哈市		
	信用档案户数（农户）（万）	信用企业档案数（个）	惠农服务点数（个）	信用档案户数（农户）（万）	信用企业档案数（个）	惠农服务点数（个）	信用档案户数（农户）（万）	信用企业档案数（个）	惠农服务点数（个）	信用档案户数（农户）（万）	信用企业档案数（个）	惠农服务点数（个）
2012	—	—	—	—	—	—	155	—	—	28	45	0
2013	200	—	23	—	—	—	136	12	—	24	20	2
2014	3991	—	123	—	—	—	148	31	32	35	36	55
2015	3991	—	193	0	38	106	172	140	41	42	152	70
2016	3991	—	221	7	25	108	165	216	41	37	378	70

资料来源：青海省金融机构（农业银行）调研整理资料（2012—2016）；“—”为缺省资料。

10.2.4.2 农牧区金融信息化建设方面

(1) 金融终端信息化。

城镇化发展对金融机构的支付结算提出多元化要求。青海省农牧区大部分农牧民村落地处偏远，农牧民存取现金的成本较高，推广的 POS 机小额取现业务可满足广大农牧民对金融服务的需求，农牧民可以完成交易查询、还贷、及时转账等业务，也将极大地促进普惠金融在农村的推广和深入，落实金融服务“三农三牧”。依靠科技水平进步，将金融终端信息化也是整个青海省农牧区金融生态建设的一个重要环节。截至 2016 年末，青海省海东市发行金融 IC 卡 138 万张，8 家银行机构共设立 ATM 机 111 台、POS 机 1429 台，金融服务覆盖全县 19 个乡镇，覆盖率为 100%。金融 IC 卡发（换）卡工作明显加快，发（换）卡率明显提高。海西州格尔木市实现可受理非接触式金融 IC 卡的机具（包括 POS 终端、ATM 终端等）改造率达 97.8%，较 2014 年末增长 35 个百分点，较 2015 年末增长 11 个百分点。尽管从 2010 年开始系统性地推动农牧区互联网金融建设，但是农牧区“睡眠卡”较多，农牧民金融 IC 卡的使用意愿较低，少数民族占农牧区人口约 47.71%，他们有极强的现金持有偏好且储蓄率较高，同时农牧民对金融端信息化缺乏基本认知与信任，这些都是农牧区金融信息化建设的制约因素。

(2) 移动金融。

农牧区一直是青海省金融的薄弱地区，完全依靠传统业务手段难以改变整个农牧区金融生态体系，移动金融弥补了传统金融的不足，更是可以打破时间、空间的限制，使最偏远的地区也能以相对较低的成本获取相同的金融服务，是普惠金融“最后一公里”问题的最佳解决方式。特别是新型城镇化的建设，便于它可以极大程度地覆盖整个农牧地区，进而改进农牧区金融生态体系，让现代化金融服务惠及所有农牧民。

2016年金融机构已在全省18个乡镇进行“移动小镇”的试点，海东市乐都区高店镇、平安区三合镇和海西州德令哈柯鲁柯镇、格尔木大格勒乡也在试点之列，它加大了商户、农牧民移动手机、手机支付的支付内容，拓展电子支付渠道，提高风险防范意识，让农牧民享受到移动金融的便利性和安全性。同时，它也是农牧区信用体系建设的重要内容，是农牧区落实普惠金融的有效途径和方法。但是海东市和海西州受农牧民消费习惯、移动金融信用环境、资金资源短缺、商业银行投入不积极、农牧民教育水平、政府支持与协调等因素的影响，农牧区金融信息化水平有待提高，农牧区信用体系的建设任重道远。

10.2.4.3　农牧民金融知识普及与推广方面

金融理念与常识的缺失会造成信用体系脆弱甚至难以形成，也是经济落后地区金融深化的一个重要障碍，随着新型城镇化的推进，青海省农牧区金融机构都展开了各种形式的金融知识普及与培训项目，树立“收益自享、风险自担”的金融风险意识，对农牧民的金融素养与信用观念的形成起发挥引导作用。

（1）从青海省整体情况看。

2013年组织辖内保险基层机构深入田间地头，向农牧民宣讲《农业保险条例》，宣传中央支农惠农政策，并利用电视、报纸等多种媒体加大宣传力度。开展“万人百点（村）送保险进账房”活动。

2014年青海省农牧区新城镇化推进以来，中国保监会青海监管局与青海省财政厅、林业厅与农牧厅多次开展有关保险意识普及的相关活动。首先组织辖内各个保险企业与机构举办《农业保险条例》的学习活动及知识竞赛，贯彻条例精神；其次对全省林业部门和承保公司相关，就森林保险现状、发展趋势、农业保险财政补贴政策、理赔实务、森林保险业务管理信息系统应用等方面的内容开展了培训，并发放了由国家林业和草原局林业工作站管理总站印制的《森林保险宣传手册》和省林业厅及人保财险青海省分公司编制的宣传材料。

2015 年青海省股权交易中心挖掘特色优势及“双创”企业，开展小微企业集合券、集合票据、私募债的咨询与讲座培训。

2016 年，青海省着重培养汉藏双语宣传的志愿者，利用“金融大课堂”“送金融知识下乡”这样的活动，大力开展农牧区群众关于金融知识的培训，从而提升他们对金融工具的认识和运用能力。

2016 年 12 月，青海保险业举办寿险理赔知识竞赛，保险行业采取多种方式开展宣传工作。在保险行业协会指导下印制了保险消费者知识普及丛书之《农业保险解农民后顾之忧》手册，向广大农牧民发放；人保财险青海省分公司印制了《农业保险基础知识》与《农业保险条例》等宣传海报向全省各地发放，并成立宣传小分队，到田间地头向农牧民进行条例现场宣讲；在青海省生活频道收视率黄金时段完成了三期农业保险有关政策的宣传；借助《西海都市报》，开设专栏对农业保险大田作物保险进行了详细的讲解宣传；通过印制藏汉双语宣传彩页开展藏系羊、牦牛保险的宣传，便于牧民了解农业保险知识，通过协保员队伍加大对农业保险的宣传力度。同时向每位投保牧户发放印有公司承保理赔服务电话和联系人的保险告知卡，极大地方便了牧户进行保险咨询及理赔报案。

（2）从海东市和海西州具体区域来看。

海东市新型城镇化的进程中，开展各种金融普及活动有助于金融观念深入农村。以 2016 年为例，3 月人行海东中心支行开展“送国债进农村”活动，9 月海东市乐都区开展“种植大户+贫困户+主办银行”金融“精准扶贫”有效模式宣传，同年 10 月人行海东市支行分别举办以“金融党建村扶贫曲”与“‘加减乘除’释放金融服务正能量”为主题的金融活动，11 月海东中支在平安区三合镇开展移动金融及金融

IC 卡知识宣传活动。

人行海西州支行分别于 2015 年 11 月在乌兰县举办反假货币宣传走进“天空之镜”与金融知识进牧区宣传活动；2016 年 5 月格尔木支行以银警联合方式开展反假货币宣传月活动；2016 年 11 月海西州中心支行成功举办“央行支付普惠大众民族团结共享和谐”大型宣传活动；2016 年 12 月海西州中心支行携手格尔木支行完成辖区非接受理环境改造情况抽查工作。2016 年，海西州金融机构编制汉藏、汉蒙三语《金融知识普及及读本》宣传手册，定期对海西州金融消费者进行知识义务宣讲活动。

综上所述，人的城镇化推崇以人为本的核心理念，鼓励农民积极地向城市转移，进而政府有必要保障农民的就业、创业和生活等多方面需求。而要解决这些难题，更加离不开金融体系对保障性住房、教育产业、医疗保险等领域的支持。产业城镇化强调产业转移与升级，主要表现为传统产业向新型战略产业转变和劳动力驱动向技术创新驱动转变，这就要求金融体系能够拥有特色的金融创新体系创造出合适的工具和服务模式来满足新型农村产业的发展。收入城镇化旨在缩小城乡之间收入差距，主要的举措是政府需要加大对“三农三牧”的扶持力度，努力建设新农村，提高农牧民收入。通过前文分析发现，新型城镇化进程中青海省农牧区金融市场结构构成、金融组织机构规模扩大和运行效率、金融监管力度及金融产品和服务模式创新、金融生态圈的建设，对农牧户、农牧区企业、农村乡镇基础设施的推动作用是明显的，同时也伴随着农牧区金融体系日趋完善和成熟，农牧区长期被压抑的农村金融抑制得到充分释放，这其中青海省海东市和海西州区域性的金融体系既有共性也有差异性问题的存在，如何更高效地服务于新型城镇化这势必对未来金融体系提出更有深度与广度的要求，因此构建差异化、多层次农牧区金融体系服务“三农三牧”是未来发展的必然选择。

11　新型城镇化进程中青海省农牧区差异化金融体系的重构

11.1　国内外农村金融体系简介

11.1.1　国外农村金融体系简介

11.1.1.1　美国农村金融体系简介

美国经济发达，农业发展程度位居世界前列，这与其完善的农村金融体系联系密切。在长期发展过程中，美国政府不断研究与探索，形成了一套多元化、多层次的农村金融体系，基本格局如表 11.1 所示。

表 11.1　美国农村金融体系概况

政府农村信贷机构	基本私营金融机构	构成合作农业信贷系统	个人以及其他
农民家计局 商品信贷公司 小企业管理局 农村电气化管理局	商业银行 人寿保险公司	联邦土地银行 联邦土地银行协会 联邦中间信贷银行 生产信贷协会	个人 经销商

资料来源：作者归纳资料整理。

如表 11.1 所示，可以清晰地看出，美国基本形成了一种能够适应农业发展相关信贷需求的多元化且多层次的农村金融体系，各金融机构之间各司其职，形成了合理、规范和有效的有机系统。这种模式有两个方面较为突出：一是担任农业信贷资金供给主体方角色，既有专业农村金融机构，还有其他类型金融机构；二是美国农村金融体制之所以能够发挥巨大效应，在于其组织体系是由政策性金融、商业性金融和合作性金融共同构成的。

美国农村金融体系从某种程度上可以看成是高度发达的农业生产活动发展的产物，其特点主要有以下几点：

第一，政府财政支持是模式最初形成的重要保障。农业信贷相较于商业信贷发展更为缓慢的根本原因在于农业生产本身的弱质性，即农业生产风险大，受季节因素和自然灾害影响较大，它会造成农业发展供需的不平衡，政府强有力地支持是农村金融体系正常运作的基础条件，而美国政府在农村金融体系的建设中发挥了巨大的作用。在农村信贷发展起步阶段，美国政府给予大量拨款来促进农村信贷快速发展。如美国联邦土地银行建立之初，政府拨款数额占总股金数达 80%。

第二，农村资本的独立运作是其核心。如表 11.1 所示，可以看出，美国农村金融体系模式是多元的复合信用模式，政策性金融、商业性金融和合作性金融协同发展，其运作紧紧围绕着农业发展过程中所需的金融需求而展开，每个子体系都是相对独立运行的。其中，农村合作性金融独立性较强，农村合作性金融由合作银行、联邦中期信用银行、联邦土地银行及土地银行合作社这三大系统共同组成。为了使得农村信贷更加有序规范化发展，政府根据农作物的生产地将全国划分为 12 个农业信贷区，坚持专款专用原则，在相应的每个农业信贷区内设立独立的专业农贷银行提供农村信贷。同时，在每个信贷区都有相关的信贷管理局对专业农贷银行的资金去向进行监督，有效防止了农村资金外逃现象发生。这样的运作模式一方面使得农村信贷资金配置更有效率，另一方面也充分保证了农村资金运作的相对独立。

第三，组织机构的合理分工是其基础。由于美国农村金融体系发展较早，体系的架构整体上来说较为严密及复杂，而组织机构之间的分工协作是庞大金融系统运作的重要基础。例如，具有生产性质的中短期农业贷款，一般都由商业银行来提供；而与农场相关的长期抵押贷款则由联邦土地银行提供，农民的信贷资金由联邦中间信贷银行予以提供。而政策性金融机构主要支持社会公益性项目投资，例如基础设施建设和土壤改良与兴修水利工程等项目。

11.1.1.2　日本农村金融体系简介

日本的农业发展相比美国来说并没有那么发达，而是更加侧重小农经济发展模式，但发放农业信贷所能获得的效益并不可观，也就影响了商业性金融对小农发展模式的涉足。所以，合作性金融和政策性金融之间相辅相成，组成了日本农村金融体系。我们把日本的渔业农林协同组合系统办理的信用事业称为合作金融，而把由政府财政拨款和地方财政出资所组建的机构团体称为政策金融。日本的农村金融体系具备以下特点：一是在金融体系下，政策金融体系只是作为有益补充；二是合作金融是基于农业合作之中的。

渔业农林的协同组合系统是被日本农村合作金融组织依附的，而合作金融的主要资金来源是农村所吸收到的存款，所以原则上的服务对象也是只限于系统的会员以及渔业农林团体，所开展的金融活动性质也大都是互相扶助的。农协系统由基层协同组合、都道府信用联合会、中央农林中央金库和全国信联协会三个层次组成。这三级金融机构都是独立核算、独立管理，它们之间不存在领导与被领导的关系。

从事农林渔业等生产大都是日本的个体农户，他们的金融需求特点为规模小和分散化严重，加之农林渔业生产周期长以及易受自然灾害影响，使得一般性的金融机构不愿向其提供信贷资金。基于此，为了促进农林渔业良性发展，日本政府专门建立金融机构针对农林渔业开展业务的，被称作农林渔业金融金库，其主要职责是向从事农林渔业生产并且有资金需求的个体农户提供长期贷款。

日本农业保险制度和信用保证制度发展较为完备，它是相关金融体系信用补偿机制的有益补充。日本成立了专门的农业信用基金协会，为申请贷款的农户提供专业的信用担保。同时，日本还成立了相应的保险机构，对农业信用基金协会可能面对的代偿违约等风险进行保险。两套制度双重保障，极大地提高了日本农业信贷机制的发展。

11.1.1.3　印度的农村金融体系简介

印度是典型的农业大国，其基本国情与我国基本相似，即农业在国民经济中的占比较大。由于在印度农村较为突出的问题也是“三农”问题，所以印度农村金融体系的发展在一定程度上决定“三农”的发展。印度农村金融体系具有明显的层次性，机构之间相辅相成、分工极其明确。印度农村金融体系主要以国家农业和农村发展银行为主，也包括各类商业银行、地方农业银行、国家合作银行以及国家土地开发银行。其基本架构如图 11.1 所示。

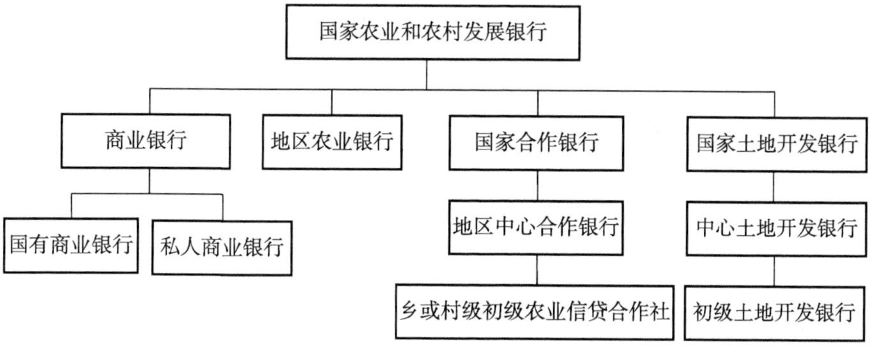

图 11.1　印度农村金融体系框架图

由图 11.1 可以看出，印度的农村金融体系较为完善，层级划分明确。印度国家农村金融系统中最高一级机构是农业和农村发展银行，属于政策性金融机构，它担负对其他农村金融机构有监督、管理和协调作用的职能。印度商业银行具有几百年的发展历史，虽不是农业信贷的主力军，但其重要性不言而喻。印度有明确的法律制度要求商业银行对农业贷款的额度不得低于总量的 20%，这加强了商业银行对“三农”支持的力度。地区的农业银行主要是为无法从合作银行和商业银行获得信贷资金的农村贫困人口而开设。农村信用合作银行是印度农村金融体系中重要的农村信贷机构。国家土地开发银行是印度农村金融市场中的中长期农村金融机构，包括初级土地开发银行和中心土地开发银行，债券募集及发放大量的股本是其资金的主要来源渠道。

11.1.2 各国农村金融体系发展对重构青海农牧区金融体系的借鉴

虽然美国、日本和印度农村金融体系的组织形式、功能作用以及运作模式会因国情、经济发展水平的不同显现出差异，但是各个国家农村金融体系依然存在共性。

11.1.2.1 多层次的农村金融服务体系为框架

我们发现，不管是美国、日本还是发展中的农业大国印度，都选择组建政策性金融、商业性金融、合作性金融，它们之间相辅相成构成农村金融体系的主体，基本呈现出分工明确、层级清晰以及适应多元化需求等特点。

第一，合作性金融机构是农村金融体系中必不可少的一部分。由于农业生产的非规模经济以及弱质性导致的投资风险高，使得其他一些金融机构参与农村信贷活动的相关成本相对较高，商业性银行和政策性银行大规模地参与并不现实。而合作性金融机构作为具有社区性的组织，能够及时地满足农户不同层次的金融需求。合作性金融机构不同于其他的金融组织形式，它既不是像政策性金融的救济组织，也不是像商业性金融的追求盈利的组织，它是一个真正代表农牧民的群众性组织。农户可以通过参股的形式参与合作性金融机构，合作性金融机构就有义务保障会员的利益，也能较为直接地了解农牧户的金融需求，更好地服务于“三农三牧”。

第二，尽管合作性金融机构作为农村金融机构的主要引导者，但是政策性金融机构如果无法很好地发挥其有益的补充作用，合作性金融组织的存在也会显得苍白无力。无论是美国的联邦土地银行，还是日本的农林中央金库，这些金融机构成立之初就带有公有性质，得到了政府财政的大力支持。农业现代化的发展程度直接影响着国民经济的运行，如果仅仅依靠农村合作社这类金融组织来支持农业信贷发展，必然会使资金出现外逃的现象，故政府若能建立相关金融机构来保障一些低回报的农业项目能够获得中长期贷款或是向合作性金融机构提供优惠政策，那么农业信贷活动将能够得到长期稳定的发展，将激发农业发展潜力。

第三，商业性金融组织是农村金融体系中的重要组成部分。高风险低收益的项目不全是集中于农村的经济活动，对于那些资金需求适中、风险偏低、收益回报利率偏高的项目，向商业性金融机构贷款是较好的选择，例如印度的金融法律就规定商业银行参与农村项目的比例不得低于总贷款额度的20%。商业性金融组织可以将向高净值项目提供中短期贷款作为支持农村金融发展的手段，一方面其本身获得了极大的收益，另一方面也是对合作性金融与政策性金融的减压。

通过前文的分析可以得出结论，农村金融体系的构成应该以合作性金融为主，以政策性金融和商业性金融为辅。但是，必须细化每个金融组织应当发挥的职能，逐步形成分工明确、职责鲜明的金融体系框架。

11.1.2.2　完备的农村金融法律法规制度为保障

农村经济发展水平各异的美国、日本和印度，其农村金融在运行过程中一直有健全的金融法律制度作为保障。金融发展初期，美国农村就有比较健全的农村金融法律制度为其奠定基础，随着农村金融的不断发展，法律法规也不断地修订完善，最后形成了一套较为完善和有效的农村金融法律体系。

在不断完善建立农村金融体系的过程中，日本政府也非常注重金融法律法规建设，专项金融法律法规要求所有金融机构开展的金融活动都必须在其法规允许的范畴内进行。针对不同类型的农村金融机构，日本都有完备的农村金融专项法律法规，且法律法规条文非常详尽。相关的法律法规对农村金融机构的服务宗旨、经营范围及监管事项等都做了详尽的介绍与说明。为更好地满足市场需求，保证农村金融运行的稳定性与连续性，政府就会定期对相关的金融法律法规进行修订和补充。

可见，详尽、完备的农村金融法律法规制度是农村金融市场稳定运行的保障和基础，也才能够更有效地协调各个农村金融机构的规范经营与运作。在青海省农牧区的新型城镇化建设过程中，青海省政府在鼓励农村金融机构应对接新型城镇化建设的金融需求外，还必须加快对青海农牧区的金融立法工作，加快农牧区金融体制改革。

11.1.2.3 健全的农村金融监管体系为标准

伴随着世界经济的快速发展，各国的农业现代化水平也随着经济水平的提高而不断提升，农村金融产业格局出现了较大的变化，市场化的金融资源配置方式正逐渐成为主导趋势。在市场化的大环境下，农村金融市场的监管问题就成为新的关注点，合理地规划农村金融监管体系，使之更好地服务于农村金融是农村金融监管体系不断完善的方向。目前，青海省农牧区的农村金融监管体系较为薄弱，监管机构监管的范围较为狭窄，这不利于农牧区金融市场的健康发展。笔者认为青海省农牧区应借鉴其他国家和地区的监管体系，不断完善农牧区金融监管制度，使农村金融监管体系早日成为农村金融体系的重要组成部分。

世界各国的农村金融监管由机构监管、目标监管与功能监管三部分构成。机构监管是指成立不同类型的监管机构对相应的金融机构所运行的业务进行统一的监管，例如我国的“一行三会”监管体制。功能监管比较偏向业务方向，主要是指各类金融机构的同一类金融业务统一由一个监管机构监管。目标监管是指依据金融监管目标的不同，设立相关的金融监管部门，对各类金融机构进行统一监管。实际上，监管体系的选择可以朝向多元化、市场化和商业化发展，建立多元化的监管体系来对接需求多样化的农村金融市场，营造融洽的金融外部环境，也有利于促进农村金融市场中经济主体之间的公平竞争。

11.1.3　国内差异化农村金融体系构建的实践

新型城镇化对金融机构来说，既带来机会同时又存在诸多困难，在通过主动探索和积极创新后，众多别具一格的金融支持城镇化方式在各地金融机构建立并实施。项目选取了四川、浙江两个省份，重点探讨这两个省份在城镇化过程中关于农业现代化、城镇建设和经济发展、农民市民化等方面金融所带来的先进经验，希望从这里面能够找到金融支持城镇化建设发展的基本规律，这可以为青海省农牧区支持新型城镇化建设提供一些借鉴。

11.1.3.1　四川省的实践经验

对于新型城镇化进程中的四川省而言，金融体系发挥着一个金融助推器的作用。不仅从农村产权融资到支持区域经济发展、均衡乡镇金融机构范围到提升乡镇金融服务，再到将各项代理发放等结算业务提供给城乡居民，从始至终，四川省金融旨在借助现代金融的发展成长带动城乡区域经济发展，将均等化的金融服务提供给城乡居民，促进四川省城镇化建设长足、深入地发展。

（1）金融体系支持农业向现代化发展。

创新小额贷款模式。有一些银行金融机构比如说农商行，会根据信用等级对农户进行分类，信用等级不同，农户贷款的利率水平也会不一样。这也就是意味着信用等级越高的农户，不仅贷款利率相对较低，而且贷款程序不会很烦琐，但是信用等级低的农户正好与之相反。村镇银行的主要模式是社区金融模式，它只在县域加大对城镇经济建设的支持力度，该模式主要是为中小企业满足资金需求。四川省是全国社区金融试点，所以该模式在四川省统筹城乡发展中起到了十分重要的作用。在该模式下，申贷企业通过政府融资平台形成贷款小组（一般4家企业为一组），申贷企业从国开行提出贷款申请是通过互保的形式。这个贷款模式为了达到风险的可控性，要求每个小组内的每家企业的贷款额度最多不能超过100万元，并且要求小组内企业要形成相互信任以此来促进激励。具体做法是为小组内企业拿出部分贷款资金作为小组内互保资金（一般为贷款资金的10%），另外提供不低于贷款资金35%的抵押物作为担保物。在这个范围内开展金融业务，最主要目的是可以为“三农”服务提供大量资金支持。四川省借助统筹城乡发展的政策优势，更进一步扩大了新型农村金融机构的试点区域。

创新大额农贷模式。四川省农商行增加了单位用户贷款的限额，对于一些达到规定条件的中小企业和种植大户，其贷款限额可以分别增加到600万元和300万元，并且在申请贷款的过程中手续简化，贷款流程不再那么烦琐，这大大提高了融资效率。并且，四川省在一些地区设立了帮助农业发展的专营公司，比如专业发展投资公司等，这些公司针对现代农业发展的特点，创新性地提出了担保贷款和委托贷款共同使用的融资模式，其运作方式是委托农业发展银行对达到要求的农业项目提供资金支持，但是对于一些不能提供充足抵押物的资金需求者，则是可以降低抵押物的范围，并由其分公司现代农业担保公司对一些项目进行担保。

（2）金融体系支持农民向市民化转变。

在农村产权的抵押融资问题方面，四川省积极创新和探索，在2010年7月，全国首个关于农村产权的交易所在四川省成都市成立。为了更好地控制贷款过程中的各种风险，各地区也不断地设立与此相适应的产权流转中心，其目的为了给农村产权的抵押融资提供担保。农村贷款的抵押物种类丰富复杂，为适应这种情况，政府也提出相关的政策进行支持，各类金融机构也相继增加了抵押物品的种类，与此同时，金融机构对于土地经营权以及集体建设用地使用权和宅基地等抵押的方式上也进行了创新发展。在生活贷款和住房等方面，四川省针对不同的需求层面提出了不同方式，针对乡镇个人住房提出独具风格的乡镇个人住房保障贷款。而针对生产经营方面提出独特的乡镇个人商铺贷款的方法。四川省农商银行成为放贷的主要金融机构，其主要目的是满足生产经营活动以及个人消费，同时也处理好居民对于生活消费和生产经营中所需要的资金问题。在解决农民市民化过程中资金需求困难的问题上，此措施做出了重要的贡献。

11.1.3.2　浙江省的实践经验

（1）金融体系支持农业向现代化发展。

浙江省根据农村领域自身发展独有的特点，构建了丰富多样的融资体系。该融资体系不仅能将农村农业银行、邮政储蓄机构、合作金融组织的支农优势充分地体现了出来，而且与其他一些商业性金融机构的融资功能可以相辅相成，这对农村经济的发展做出了卓越的贡献。地方中小金融机构根据自身的发展特点，推出许多具有创新性的信贷产品，比如“粮贷担保金”“万名新农村青年诚信创业贷款工程”等解决了种粮大户生产资金不充足的问题，农村合作银行创立“流动银行”弥补了农村金融服务领域的真空。

（2）金融体系支持城镇化建设。

在城镇经济发展方面，浙江省政府部门重点扶持城乡各类中小微企业的发展，积极提供信贷支持。具体包括以下三部分内容：

第一，从政策上指导金融资源促进城镇化建设。各政府部门应该鼓励金融机构提前将城镇化建设相关项目纳入年度计划中，放宽申请贷款的要求，开启城镇化建设的绿色通道。除此之外，还可以依靠中国人民银行的流动性支持，帮助金融机构进行城镇化建设。

第二，支持城镇基础设施建设的发展。浙江省金融机构不断发展合作贷款、银团贷款等金融新型品种，将贷款和抵押担保方式做了进一步的创新，并以市场化运作为原则，在基础建设的设计和建设过程中尽量符合城镇化建设的要求，加大资金的投入。坚持以政府城建整体规划为主导，积极支持城镇住房快速发展。

第三，创建多渠道融资体系。浙江省积极探索资本市场经营手段，从而能够更有效地支持城镇化建设。金融机构通过承销政府债券来支持城建项目、企业通过发行中长期票据以及资产证券化开展项目融资，这些措施都使得资产结构得到显著改善，流动性迅速增强。此外，浙江省积极拓展信托市场、保险市场等融资渠道从而全方位的推动城镇化的发展进程。

（3）金融支持人口市民化。

为加快农村居民向城镇转移，浙江省探索一条新的金融支持道路，改变了传统抵押贷款方式，在农民增收方面有其独有的特色。例如，在政府和土地流转政策的引导下，嘉兴市海盐县农信社创新和完善了“农村流转土地经营权专项抵押贷款”模式，这为当地农业发展做出了强大的贡献。这种贷款的担保物和抵押物是流转土地经营权和土地上的其他附属物，通过这种方式得到的贷款只能用在农业上。此外，农村信用社对于抵押率以及贷款利率浮动比例设置了上限，这样能够有效降低风险。浙江省丽水市在原有的集体林权制度改革的基础之上实行了“林权抵押贷款”，意味着抵押人可以将林地资源作为抵押物，向银行等金融机构申请抵押贷款。从以往经验来看，如果这项贷款要顺利投入市场，就必须依靠政府的支持与相关制度的改革。首先是浙江省的集体林权制度创新给这项贷款的产生打下了夯实的基础；其次是政府相关政策的引导和激励能够为这项贷款业务创造良好的环境；最后，逐渐完善的林地流转平台也消除了金融机构经办贷款业务的后患。

11.2 国内农村金融体系发展对重构青海农牧区金融体系的借鉴

11.2.1 发挥资本市场力量，创新农村机构的融资产品服务

从国内情况来看，借助资本市场的力量推进城镇化发展是这几个代表性城市的普遍做法，并且都具有显而易见的特点。我们可以看出我国城镇化发展受资本市场的力量还不显著，为了金融资源全面支持城镇化建设，解决这一问题刻不容缓。而浙江省和四川省通过很多创新模式对资本市场支持城镇化进行了积极的探索，利用资产证券化盘活流动性差的资产、发行市政债和城市建设债券、土地出让等创新模式，我们可以从浙江省和四川省的成功发展模式当中给青海省农牧区金融体系的构建提供一些启示。青海省农牧区可以尝试改革城镇建设的融资方式，充分利用直接融资渠道，改革和完善金融体制，创新城镇基建债券等品种，发挥资本市场在农村金融资源当中配置的作用。

11.2.2 发挥政府政策扶持功能构建差异化农村金融机构体系

农村金融的服务对象大多存在着项目风险高、收益却很低的问题，这一棘手问题的存在降低了商业性金融对其的关注度。而解决这一问题最有效的途径是通过政府的政策性优惠和发布相关文件或者公布城市未来规划方向从而来让社会资金流入到相对薄弱的农村项目。在这方面国内许多地方都进行了深入的探索。政府部门不断通过利息补贴、税收减免等优惠政策加大对农村金融机构的支持力度，同时为了鼓励农村金融机构介入农村弱势项目，颁布了相关政策法规保障农业融资的顺利进行。在青海省农牧区新型城镇化进程中，为了更好地建立适合城镇化进程的金融支持路径，需要从多方面吸取经验，取长补短，因地制宜地为推进城镇化构建差异化农村金融机构体系不断积累宝贵经验。

11.3 新型城镇化进程中青海省农牧区差异化金融体系重构模式及原则

11.3.1 农牧区金融体系重构模式

重构农牧区金融体系的实质是一个对农牧区金融深化模式选择的过程，衡量农村金融发展程度的重要尺度是农村金融深化程度。依据前文第二章中提及的美国经济学家帕特里克提出的金融理论，即“需求跟随型”和“供给导向型”。“需求跟随型”模式强调经济发展对金融发展的决定性作用，金融供给会随着经济发展的需求而自动调节。而“供给导向型”模式则强调金融发展需超前经济发展，通过超前的金融发展来带动区域内经济增长。简而言之，前者是金融深化的被动化模式，后者是金融深化的主动化模式。

由于青海省农牧区自身的经济条件和资源禀赋都相对较薄弱，农村金融发展处于从初创期到成长期的过渡阶段。同时，新型城镇化建设工作开展时期较短，发生的内生金融需求有限。在这种情况下，青海省农牧区金融发展依据城镇化建设中金融需求的变化做自动调节的可能性很低，故“需求跟随型”的金融深化模式并不适合，“供给导向型”的金融深化模式则较适合农牧区小农经济发展的特性。

在新型城镇化进程中，通过构建具有超前发展的农牧区金融体系，可以有效地提高金融支持城镇化建设的力度。由于本文所谈及农牧区金融体系是一个区域金融服务体系的概念，所涉及的面包括金融市场、金融组织、金融监管及创新、金融生态，故依据“供给导向型”的思路完善农牧区金融体系各方面的内容，进一步重构农牧区金融体系基本框架。

11.3.2 农牧区金融体系重构原则

“供给导向型”的金融深化模式可以拓展农牧区金融发展的空间，而不必仅限于新型城镇化建设中已产生的金融需求。笔者认为农牧区金融体系在遵循“供给导向型”思路的前提下还有必要坚持两个原则：第一，服务农牧民和农牧区经济发展原则。无论是新型城镇化建设的推行，还是重构农牧区金融体系的必要性，都是为了提高农业现代化的水平，促进农村经济发展，使得农牧民生活达到小康水平，这也符合青海省“十三五”规划的基本要求。因此，农牧区金融服务体系应当充分与农牧民紧密联系，保证金融组织体系的资金供给是取之于民、用之于民。第二，局部差异化构建原则。青海省农牧区范围较大，有其自身的发展特点，且不同区域的经济社会文化发展水平不同，新型城镇化建设的进度和产生的金融需求也有所不同。因此，在重新建立农牧区金融体系的同时，应该充分考虑地方特色，如何建立局部差异化的金融体系，以此更好地支持农牧区新型城镇化的建设。

11.4　新型城镇化进程中青海省农牧区差异化金融体系的重构

随着青海省农牧区新型城镇化进程的不断深入推进，城镇化建设对现有农牧区金融服务体系提出的要求将会更加严苛，重构农牧区金融体系显得格外重要。重构农牧区金融体系实质是对农牧区金融组织形式和组织制度的一种创新，涉及的内容包含对农牧区金融机构的新建以及现有农牧区金融机构的整合和功能调整。在借鉴国内外农村金融体系发展模式的基础上，对青海省农牧区金融服务体系的重构主要从金融市场、金融组织、金融监管及创新和金融生态体系四个方面展开，以此构建一个多层次、高效率、全方位的农牧区金融体系新架构。

11.4.1　拓宽青海省农牧区融资模式，丰富农牧区金融市场结构

由于新型城镇化建设所需的资金需求是多方面的，青海省农牧区单一的金融市场结构较难满足多元化的金融需求，加之以银行业为主的金融市场融资模式对其提供的资金规模总量有限，这将极大地限制农牧区

新型城镇化建设。因此，在提高银行类金融机构市场服务于新型城镇化能力的同时，也要加强保险、债券、证券等市场的发展。

11.4.1.1 加快实现青海省农牧区资产证券化发展

青海省农牧区新型城镇化建设尚处于初期发展阶段，乡镇基础设施建设、社会公共服务体系和保障房建设对资金的需求量较大，若单纯依靠政府财政税收或是银行贷款的支持，将会拖慢新型城镇化建设的进度。因此，如何有效地引进长期外部资金支持新型城镇化建设对青海省农牧区融资模式的改革提出新要求。

基础设施建设项目的投资优点在于大部分项目都是由国家政府牵头预计将来能够产生稳定现金流的经营性项目，针对这类项目的融资方式，采用资产证券化的融资模式将能极大地解决其面临的融资困境。以桥梁建设为例，初期将这类流动性差的项目运用资产证券化模式，以证券的形式出售给特殊的机构，再由这些特殊的机构出售给投资者，这就大大降低了在证券市场筹集资金的成本。资产证券化是一种市场导向型的融资模式，能够充分适应金融市场的供求变化，这将有利于舒缓青海省农牧区新型城镇化建设过程中基础设施建设资金匮乏的问题。

11.4.1.2 建立青海省股权交易市场，大力发展期货市场

青海省期货市场起步较晚，发展相对滞后，股权交易市场不成熟，造成农牧区企业经营风险高、融资渠道单一等问题出现。期货交易能够有效地实现风险和收益的再分配，能发挥分散和转移风险以及套期保值的作用，这对经营弱质性产业为主的农牧区而言是有益的。因此，青海省农牧区应加强企业与期货市场交易所的合作，提高农牧区企业参与期货市场活动的积极性，增加青海省农牧特色产品的相关期货品种。以农牧业生产为例，农牧业是国民经济发展的根基，实现农业现代化也是新型城镇化建设的必然发展趋势。作为弱质型产业的农牧业，本身具有高风险、低收益的经营

特性，若能通过在期货市场上创立更多的农业期货和期权等金融衍生品种，将有效地帮助农户或农企规避风险，避免今后因不确定因素而造成的巨大损失。同时，期货市场的良好发展也能为资本市场提供良好的流动性，进一步缓解农牧区新型城镇化建设融资结构单一的问题。

11.4.1.3 拓宽保险市场的服务范围，开创新型的农业保险经营模式

实际上，保险市场的发展和新型城镇化的建设是相互依存的关系。一方面，随着新型城镇化建设水平的不断提升，广大农牧民的生活水平也会相应提高，对生活质量的追求也会大幅提高，会形成新的消费理念，保险作为规避风险的一种消费形式则会受到更多关注。另一方面，保险市场的蓬勃发展，能够为新型城镇化建设提供有效的保障。近几年，青海省农牧区保险市场发展良好，农村保险收入和覆盖率和保险品种都有所提高。如何进一步加强保险市场发展是新型城镇化建设中新的命题。笔者认为青海省农牧区应当在现有发展的基础上，从微观和宏观两个层面出发，不断完善农业保险体系建设。

宏观层面，我国的农业保险是一种政府行为，是在政府长期指导和支持下开展的政策性保险，2007 年以来农牧区保险市场得到长足发展。但是，青海省农牧区不同地区经济结构、业务需求方面存在巨大差异，因此农牧业和农村的保险经营模式应该出现多元化趋势，大胆创新，共同推动农牧区城镇化的发展。笔者认为：

第一，解除制约农业保险体系发展的制度问题，使之更好地服务新型城镇化建设。农业保险体系的制度顶层设计上，依据国内外的发展经验，结合青海省农牧区的地区特色进行创新模式的尝试，建议构建新型的村、县、省三级农业互助保险体系模式，如图 11.2 所示[①]。这种模式适合农牧区居住分散、少数民族农牧民诚信守义、合作意识较强的文化

---

① 王曙光. 农村金融学［M］. 北京：北京大学出版社，2015：9.

传承，更能有效解决保险关系中存在的逆向选择和道德风险问题，形成良好的监督机制，防范农牧户与农业互助保险组织联合骗保的现象发生。第二，保险机构经营模式多元组合，解决基层保险服务队伍薄弱、风险集中的问题。尝试农业保险与农业银行、信用合作社（农商行）等农村金融机构的网点支持、信贷合作、贷款支持，实现农业保险、银行类金融机构及农牧户“三赢”的银保合作模式。特别是引导农村资金互助社与农业保险的对接，资金互助合作社既有一般农村银行类金融机构的存贷性质，又有互助合作的特点，与农业保险特别是互助型农业保险非常契合。第三，“龙头企业+农业保险+信贷机构”新模式。农业发展中龙头企业所占据的地位无法忽视，同时也为农业保险经营模式提供一种思路。由农牧户、龙头企业、政府、信贷机构、保险公司、担保公司、合作社、同行企业以及协会共同构成农业产业化组织。龙头企业和农牧户作为利益共同体，对农业保险有着强烈的意愿。把农业信贷与农业作为一种半强制保险来实现，也可以克服保险公司技术问题。而且规模较大的龙头企业也有一定的讲价能力，更好地达到分散风险的目的。新型城镇化建设中，银行机构参与和推动保险的发展是未来的良好选择，也为青海省农牧区农业保险顺利进行、农村差异化金融市场体系构建和发展提供强大支持。

微观层面，首先，新型城镇化的核心是实现农牧民市民化，农牧民进城面临着失地和养老保障两大问题，保险公司可以开发更多新的保险产品帮助农牧民因失地而产生的损失或是提供新型的养老保险模式，以此推进人的城镇化进程。其次，农牧区小微企业作为参与新型城镇化建设的主力军，其贷款难的根本问题在于缺乏相关的信用保证或是抵押物，保险公司可以联合多家信用担保机构，创立贷款保险保证制度。在此制度机制下，信用担保机构能够为农牧区企业提供信用担保或是抵押担保，进而使得农牧区企业获得开展项目的资金，加快了新型城镇化建设。最后，政府应该从政策、资金和税收多个方面给予保险业优惠，鼓励保险公司将保险资金投入更广泛的领域，提高保险业参与新型城镇化建设的积极性。

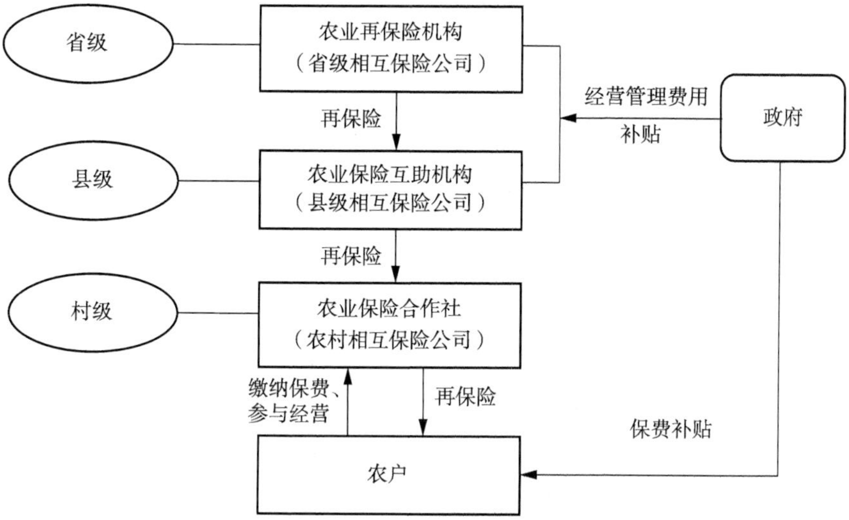

图 11.2　青海省农牧区农业互助保险体系构建

11.4.2　坚持金融深化，重构农牧区金融组织体系

11.4.2.1　深化农村合作金融改革

农村信用社是青海省农牧区金融体系中现存的一种农村合作金融机构，青海省农村信用社成立于 20 世纪 50 年代，如今已是支持地方农牧区经济发展不可或缺的金融主力军。跟随着青海省农牧区经济体制改革的不断深入和新型城镇化建设的不断推进，每个县域的经济状况和城镇化建设都不同，对金融服务的需求也会若有差别。合作金融机构作为一种直接了解农牧民金融需求的组织，在支持城镇化建设过程中，不应该按照统一的模式进行发展，更多地要依据因地制宜的原则来合理地服务于新型城镇化建设。笔者认为：

第一，深化农村信用社改革的前提是要在不违背服务于“三农”的服务宗旨下展开。青海省农牧区内农村信用社网点布局较为广泛，是覆盖面最广、营业网点最多、服务最基层的地方性金融机构。然而，青海省农牧区范围内不同县域的经济发达和城乡一体化程度不尽相同，经济发达的县域农信社的资产规模量相对较大，支持新型城镇化建设的力度也会有所增强。

第二，改制后的青海省农信社承担着农牧区60%的存贷业务，是农牧区金融需求主体的主要融资渠道，农信社差异化的金融产品和服务模式是新型城镇化顺利实现的重要依靠。虽然青海省农牧区根据区域经济特征和高原优势产业创造了丰富多样的“枸杞贷”“丁香卡”等特色产品及“一村一品”“一镇一业”信贷模式，但是关注农牧民民生和农牧区企业长足发展的产品及服务不够，特别是海东金融机构服务于现代化农业自创品牌动力不足，农信社在全省农牧区乡村基础设施金融服务中规模不大、产品单一。因此，农牧区农商银行应以改制为契机，转变经营理念，释放活力，因地制宜积极探索支持“三农三牧”发展的新产品，服务于农牧区的城镇化建设，取得农信社和经济发展双赢新局面。

第三，青海省农村信用社还有必要进行大幅度合理化的商业性改革，即通过内部治理结构调整，将原有的社员型组织向商业性金融组织过渡，这将有助于农村信用社真正成为一个实体法人，增强自身在农村金融体系中的竞争力。首先，农村信用社在进行商业化改制的过程中，青海省政府相关部门应当给予一定的优惠政策。其次，虽然农村信用社商业化改制有助于其更好地服务农牧区经济和城镇化建设，但是为了避免农信社因追求大量商业化利润而远离农村，相关部门还应建立专项的监管机构或是出台相关的法律法规来监督管理农信社的资金流向，以防大量资金流失农村。最后，在合作金融匮乏的县域，应当鼓励建立新的合作金融机构。

11.4.2.2　完善青海省农牧区政策金融体系

在新型城镇化的大背景下，政策金融是与新型城镇化建设密切相关的一种组织形态，国家开发银行和农业发展银行则是这种组织形态的重要载体，承担着发挥政策金融功能的使命。相较于东部地区，青海省农牧区的经济发展出现了结构性的失衡，集中表现在县域经济发展、产业发展以及城乡发展不均衡，而金融的支持和参与程度是结构性失衡得以缓解的方法，故大力发展弱势金融对弱势地区的扶持，是从金融上解决结构性失衡的途径。

弱势金融是指能影响整体经济和社会协调均衡发展且是经济和社会中发展相对滞后的部分进行金融扶持的概念。政策金融体系则是扶持弱势产业和弱势群体的重要力量，故在新型城镇化进程中作为弱势金融表现形态的政策金融理应发挥重要作用。政策金融作为一种特殊的金融形式，并不像商业性金融的逐利性，也不像政府一样具有公共性，要想充分发挥政策金融的功能，必须依据新型城镇化建设对于农村金融体系提出的相关需求，来完善青海省农牧区政策金融体系。

青海省农牧区现行的政策金融机构主体主要是农业发展银行，农业发展银行在支持农牧区经济发展过程中仍然存在职能发挥不到位等特点。因此，为了更好地服务于“三农三牧”以及支持新型城镇化建设，农业发展银行应该在合理进行风险控制下，找准自己的市场定位，紧紧围绕政府相关政策，充分发挥其特有的政策扶持功能。具体可表现为以下三点：第一，农发行应当突出“政策性”银行优势，重点支持新型城镇化中农村基础设施建设、生态环境保护和人口城镇化建设；第二，为了提高支农资金的使用效率，农发行应该借鉴印度农村金融体系模式，适当地监督和管理各部门及其他农村金融机构支农信贷资金的结算和偿付；第三，农发行自身的资金来源渠道较为单一，主要来自央行的再贷款以及政府财政补贴，为了提高农发行的市场竞争力，农发行可以通过发行由国家信用担保的债券进行资本金的补充，使政策金融发展更好地契合新型城镇化建设。

11.4.2.3 充分发挥商业性金融的辅助作用

近几年，青海省农牧区出现了一些商业性金融机构将网点从农牧区撤并的现象，这主要是因为农村贷款业务运行成本高、经营风险大、回报率低，商业性金融机构为了防范风险和提高经营效益只能缩减农牧区网点数量。然而，新型城镇化建设会带来消费、投资、社会保障等多个领域的资金需求，商业性金融的撤并无疑是恶化了青海省农牧区的金融供给不足。笔者认为，商业性金融机构应充分展现其特性，发挥其在农村金融体系内的辅助作用，依靠新型城镇化建设带来的新机遇，从多方面进行自身改革来支持城镇化建设，以此达到共赢。

（1）强化金融机构经营管理。

一是政府部门应当合理引导商业性金融机构积极投入于农牧区金融市场，例如鼓励在农牧区新建中小商业银行，满足农牧区小微企业或是农牧民的中短期借款需求，支持银行业机构设立扶贫金融事业部、普惠金融事业部。商业银行可以依据新型城镇化建设的重点领域，来调整相关信贷政策，简化贷款审批程序，极大地提高商业性金融参与产业城镇化的积极性。在此基础上，商业银行还应加大对金融网点及金融基础设施的建设力度，在保证经营效益的前提下网点设置可以向经济实力较优的县域倾斜，并不断提升单个网点的服务功能，争取将单一网点向综合性网点转变。二是针对新型城镇化的相关项目，商业银行还应该做好相关的风险管理工作。首先，应依据青海省相关的政策变动，及时地对商业银行自身的金融战略调整。其次，应当建立专门用于支持新型城镇化建设的账户，在进行新型城镇化项目建设前，做好风险评估工作，落实贷款要求的贷前审查、贷中检查、贷后追查的原则，加强资金使用和还款来源的监管。最后，在新型城镇化项目贷款发放之后，要加强贷款资金流向的跟踪调查，资金的用途必须严格按照贷款合同约定来进行，而且还要监督企业将项目经营的全部收入纳入规定的账户进行管理，确保专项资金专款专用。

（2）创新金融业服务体系。

第一，涉农银行业。新型城镇化是人的城镇化、产业城镇化、收入城镇化，农牧户、农牧区企业、农村乡镇政府金融需求主体获得前所未有的机遇，创新青海省银行业服务体系，银行业应紧扣实体经济需求，开展金融供给端的创新活动，围绕青海省农牧区重点项目、工程及领域，发展银团贷款，尝试开展联合授信；支持农牧民群众脱贫致富，全面推广“青海牌”的“双基联动”普惠金融模式，建立符合青海省农牧区的金融精准扶贫模式；推广“银税互动”“银税保互动”等小微企业金融服务新模式。加快推进银行业管理、高原特色产品和盈利产品的创新，结合人民银行青海分行提出的“信用金融、绿色金融、移动金融”目标，实现农牧区银行机构差异发展、转型发展、持续发展。

第二，涉农保险业。丰富保险品种和扩大保险覆盖率、增加保险赔偿额，增大财政补贴是青海省农牧区农业保险业常态化的问题，随着新型城镇化实施，农业、农村、农牧民所面临的风险更多、防范风险意识更强，需要强调的是如何在现有农业保险的基础上，扩大农村保险的内涵和外延，解决农牧民市民化后大病医疗、养老、就业等民生方面的保险，真正给新型城镇化分担风险提供基本保障。同时发现，青海省农牧区政府介入和支持的农业政策性保险，节约了保险公司在市场、业务拓展方面的成本，农户的参保率也又大幅度提升，但如何确保保险机构发展的可持续、如何合理界定政府与市场的边界、如何在整齐划一的财政补贴政策中满足各地农牧民千差万别的保险需求、如何提高农牧户对于农业保险的正确认识，尽可能避免逆向选择和道德风险，如何分散风险实现保险公司在农业保险中的盈亏平衡确保其经营的充足动力等等，都是未来城镇化建设中保险公司经营者实践中需探索和解决的问题。

11.4.2.4 鼓励民间金融机构及其他新型金融机构的设立

民间金融组织的设立，一方面能够帮助缓解农牧区企业、农牧民贷款难的问题，另一方面民间金融与正规金融机构的相机竞争有助于形成具有竞争性的农村金融市场，提升整体农村金融体系服务质量，使其更好地服务于新型城镇化建设。

现阶段，青海省农牧区的民间金融处于发展初期阶段，民间金融机构主要以村镇银行和小额贷款公司为主，其他的民间金融组织基本处于地下运行模式。因此，青海省农牧区政府应当依据新型城镇化建设的实际需要，逐步放松区域内金融管制，在金融风险可控的前提下，引入社会资本或是外资设立新型的民间金融组织（例如农村合作基金会），让更多的民间金融组织能够浮出水面，给予民间金融公正的待遇。从以下方面着手对待农村民间金融组织的发展：一是给予相对规范的农村合作基金这类民间金融组织以充足的生存空间，并削减民间资本进入中小银行等金融机构的条件限制，使民间信贷的服务更加透明，信息更加对称。二是加快完善农村合作基金会的治理方案以及监管办法，按照符合国际惯例的治理方案不断完善农村合作计划。

把农村民间金融纳入国家金融监管体系，使其快速合法、规范化，较低利率运行管制是我国现行体制内金融制度的特点，与民间金融的灵活性存在天然的屏障，矛盾问题突出。从根本上要解决上述问题，加速推进利率市场化的改革力度，允许农村民间金融组织利率在国家规定的基准利率区间范围内上下浮动，存贷款利率浮动可以适度调整。

11.4.3 完善农牧区金融创新体系，提升城镇化发展质量

新型城镇化建设的核心是农民市民化和农村现代化发展，这个过程并不是一蹴而就的，建设过程中我们不仅要注重发展的速度，也要注重

发展的质量，这就对金融服务与创新提出了更高的要求。因此，要突破金融服务对提升新型城镇化发展的制约因素，有必要在金融产品、金融制度、融资模式等方面进一步完善金融创新体系。

11.4.3.1 创新多元化金融产品

新型城镇化的核心理念是人的城镇化，人的城镇化实际上也是人文的城镇化，即实现农民的市民化。人的城镇化内涵较为丰富，包括教育、医疗卫生、生活、社会保障等多领域的改善与创新，而要优化这些领域都离不开金融的支持，其中金融产品的创新是其不可或缺的一种金融支持方式。因此，若要提高青海省农牧区新型城镇化建设的质量，金融产品的创新是关键性的环节。

（1）发行农牧民工住房券和市政债券。

农牧民进城最大的需求应属住房需求，为了满足这一需求，金融机构可以发行农牧民工住房券和市政债券。负责新型城镇化的相关部门，应尽快地在农牧区范围内建立农村土地交易中心，便于管理农牧民因宅基地流转而产生的相关资金问题。同时，为每一个农牧民家庭成立农牧民住房券基金，农牧民可以将政府的补助和宅基地流转获得的收入存入专有基金账户。农牧民可以凭借农民工住房券进城申请公租房，政府可以从农民工住房券基金中收取相应租金。

市政债券最早源于美国，这类债券的发行主要是为了支持农村城镇化基础设施的建设。因此，这类金融产品的发放不仅能够丰富投资者的投资品种选择，也能够推进城市化的进程。青海农牧区相关金融机构也可借鉴国外经验，在风险可控的前提下发放市政债券，为新型城镇化建设提供强有力的金融支持。

（2）发展供应链金融。

新型城镇化不仅是人口的城镇化，也是产业和收入的城镇化。产业的城镇化是农业现代化的发展和农牧区企业的发展。因此，为了促进青海省农牧区产业城镇化的发展，各金融机构可以大力推行供应链金融模式，是指银行将核心企业和上下游企业紧密联系在一起，提供灵活多变的金融产品和服务的一种融资模式。针对整个供应链上不同的需求主体，金融机构也可以提供差异化的产品及服务模式。此外，农牧区产业城镇化发展缓慢的根本原因在于农牧区的小微企业贷款难度较大，为了解决这个问题，相关金融机构可以创新贷款担保的方式，例如开展联户担保贷款、仓单质押贷款、应收账款质押担保贷款、银团贷款、小企业信用贷款、农村龙头企业的季节性融资等，满足信用好的农牧企业的大额信贷需求。

（3）对接互联网金融业。

青海省农牧区金融机构正在尝试运用互联网金融思维，积极探索农村金融产品服务中如何植入互联网金融。农牧区面积宽阔、农牧民居住分散，包括历史交易、医疗、社保、个人收入、家庭等在内的信息分散，信息整合困难加大了互联网金融的创新成本。同时，互联网经营模式下，农村金融机构需要改变原有模式，将现有的产品与服务放在网络平台上。拓展银行卡业务功能、扩大移动支付、授信方式创新、供应链金融服务创新是必然的发展趋势。但目前网络瘫痪、数据容灾、网络外部的数字攻击等因素，再加上农牧民文化水平低、农牧区信息技术滞后给互联网金融应用带来风险。另外，互联网金融的快速发展大大扩展了征信体系的数据范畴，对尚未健全的农牧区信用体系提出挑战，互联网贷款公司的信用风险管理能力和监督机制欠缺，农村互联网金融仍存在诸多隐患。因此，需要金融机构不断完善信息技术，吸引技术人才，完善农村金融与互联网金融的高效对接，业务流程电子化、支付体系立体化，信用管理动态化、线上线下一体化是未来农村金融机构需要主动解决的问题。

11.4.3.2 推进以债券市场为主导的资本市场体系创新

金融支持新型城镇化建设的难点在于城镇化基础设施建设的周期及

回报期较长，加之银行和政府财政的资金规模有限，造成诸多项目的融资出现问题。因此，金融机构若能合理地发展资本市场，通过直接融资的方式来缓解城镇化建设过程资金不足问题，将是重要的解决举措。在众多证券产品中，债券的产品特性与城镇化建设的特点基本吻合，故要提升新型城镇化发展质量，应从发展以债券市场为主导的资本市场入手。

农牧区不同县域新型城镇化发展的产业不同，牧业、农业、工业发展的比例是依据不同县域的经济实力而定的。因此，青海省农牧区债券市场的创新应依据不同县域城镇化进程中产业发展的特点而定，进一步创新适合县域特点的债券产品，包括国债、公司债、信用债等。通过债券市场的创新，这将有助于盘活农牧区不同县域经济体系内巨大的资产，提升资产的收益回报率和运用效率。

11.4.3.3　优化县域金融创新环境

现阶段，青海省农牧区的金融创新体系较为脆弱，并不能有效地满足农牧区推进城镇化建设的需要，究其根本症结点在于县域的金融创新环境较差，无法为金融创新提供最低的基础保障。笔者认为：

首先，农牧区县域金融机构应积极探索和创新资金定价和授权授信机制，加大对诚实守信乡镇信用企业的授信力度，致力创建良好农牧区金融生态环境。

其次，农牧区相关政府可以创新宣传方式，充分贯彻“互联网+”的理念，运用互联网引导和宣传金融信用重要性，一方面提高农牧企业对金融信用的重视程度，另一方面提升了区域金融安全与风险意识，间接促进了县域经济发展。

最后，加强市场的引导，规范县域政府的宏观经济的调控行为，规避县域政府对金融的干涉及过度干预，让县域金融发展逐渐规范化、法制化，加强县域金融监管的力度，优化县域金融生态环境，努力维护和营造新型城镇化健康发展的金融新环境。

11.4.4 强化金融监管机制，优化农牧区金融生态环境

11.4.4.1 强化县域金融监管机制

对于青海省经济欠发达地区而言，农牧区企业大多依附于县域经济，而小微企业融资难、民间高利贷盛行等问题严重影响青海省城镇化的进程。县域经济是地区经济发展的根基，县域金融对县域经济的发展起着核心作用，可是，农牧区金融体系中较为薄弱的一环就是县域金融，故强化县域金融监管是创造良好金融生态环境的关键环节。

从青海省农牧区目前情况来看，县域金融监管一般分为两类：一类是银行类金融机构监管；另一类是非银行类金融机构监管。随着新型城镇化建设的深入，农牧区县域金融也取得了一定程度上的发展，县域金融业务范围在不断扩大的同时风险也在不断增大，县域金融部门针对非银行类金融机构的监管应该加以完善。笔者认为，农牧区应该依据新型城镇化建设的相关需求适时提升县域金融办的职能地位。县域范围内小额贷款公司、农民资金互助社等非银行类金融机构会不断涌现，证监会、银保监会等金融监管机构在县域并未设置分支机构，故提升县域金融办职能地位，赋予其更多的监管职能，将能够弥补县域金融业务监管上的空白。

目前，农牧区金融监管资源配置存在严重不足，部分农牧区范围内缺乏相关金融监管机构，要想强化县域金融监管机制还需做到以下方面：一是金融监管机构在县域开展审慎监管，针对不同农村信贷项目采取差异化的监管手段。二是依据农牧区金融发展特点，尽快建立适合区域金融发展的地方监管体制。三是在加强县域金融监管的前提下，包容县域金融创新，并对其调整或优化监管机制。

11.4.4.2 完善法制环境，规范政府行为

健全的金融司法制度是保障农牧区金融健康运行的基础。由于农牧

区不同县域的经济实力和金融环境都不同，应结合农牧区具体发展情况，制定相关的金融法律法规，明确农牧区各金融机构的职责范围，保证投资的权益，最大限度地维护金融资产安全。

一般情况下，城镇化建设过程中，基础设施和公共服务体系的建立都是由政府和市场共同合作完成的。各区域政府应充分了解当地企业的实际需求，依据项目的重要性合理地分配金融资源，充分发挥政府在城镇化建设过程中的职能作用。同时，政府也不应过分干预金融资源的分配，必须在金融市场出现市场失灵的情况下，进行适当的干预和主导，科学地促进城镇化项目的推进。

11.4.4.3 设立信用中介机构，增强信息透明度

现阶段，农牧区企业及个人贷款难问题还受制于农牧区没有健全的信用信息体制。信用是任何经济主体参与经济活动的基础，信用机制则是保障经济主体增强信用的有效途径。继续做好农牧民和农牧地区企业信用意识的宣传和培养工作，树立信用户、信用村和信用企业的表率作用。农牧区相关部门应该与各银行通力合作，建立富有青海省农牧区特色的信用信息平台，对信用好的企业或个人给予税收、利率等各方面的优惠，对信用差的企业或个人及时在平台曝光，并予以处罚。在健全农牧区信用信息平台的基础上，还应在有条件的地方设立信用中介机构，为农牧区的企业或个人提供包括审计、资产评估、法律咨询等服务。具体措施包括：

（1）出台信用管理机制的统一标准，设立多个金融中介服务机构，在公平的金融市场环境下提升技术创新和产品创新水平；

（2）不断规范融资担保公司的运行模式，督促融资担保公司的健康顺利发展，解决农牧区企业融资瓶颈；

（3）积极推进资信评级及征信市场的建设，缓解金融部门和企业之间因信息不对称而存在的“银行难贷款”“企业贷款难”的问题。

新型城镇化进程中青海省农牧区差异化金融体系重构示意图如图11.3所示。

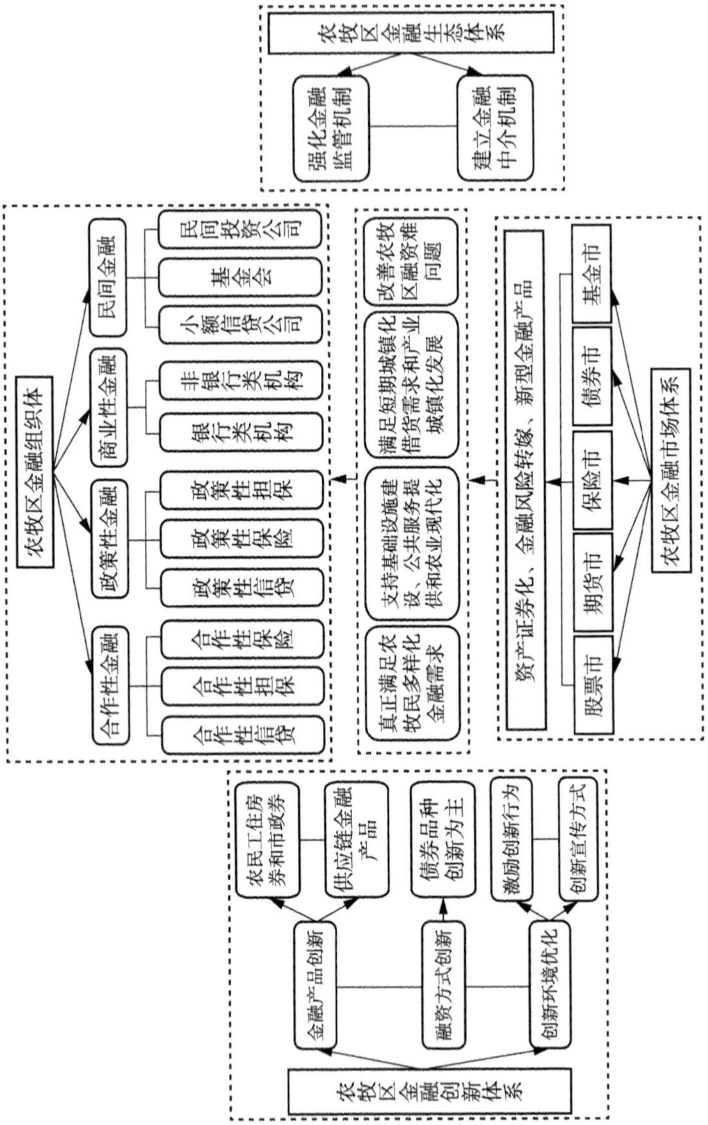

图 11.3　新型城镇化进程中青海省农牧区差异化金融体系重构

12 主要研究结论

项目研究的青海省农牧区选取青海省海东市乐都区、平安区为农区的代表，以海西州德令哈市、格尔木市为牧区代表展开调查研究。青海省的日月山和青海湖，是黄土高原与青藏高原的分界线，也是青海省内农业区与牧业区的分界线，因此，从自然区位和经济区位两个方面简单分析发现，农牧区是青海省的典型区位，研究该地区差异化金融体系对农村经济发展有重大战略意义。

这里所谈及的城镇化概念不仅是指以土地城镇化为主的城市发展带动农村发展的传统城镇化模式，还是指以人为本，城乡一体化发展的新型城镇化模式。农村金融支持是新型城镇化顺利推进的助推器，即农村金融体系的合理化构建有利于新型城镇化的可持续发展，进而带动农村经济的快速提高。将城镇化作为一个大背景，以城镇化发展的时间序列为线索来分析青海省新型城镇化进程中农牧区金融服务体系面临的诸多问题，探讨应当如何差异化搭建农村金融体系才能发挥其最大的经济效应，最后实现金融和经济双赢的局面。

介绍青海省农牧区金融体系发展现状，发现政策性银行、商业性银行中的农信社（农商银行）发挥支农的主导持作用，新型农村金融机构方兴未艾，依靠财政性补贴营运的农业保险，机构单一、险种和覆盖率有待提高，农村证券市场仅是起步阶段。从人口城镇化、产业城镇化、收入城镇化三个指标测评青海省新型城镇化的发展程度，发现农牧区整体城镇化率呈现向上增长的态势，但农区和牧区的城镇化发展水平存在很大的差异性。从人口城镇化来看，海东市的平安区和乐都区

2016年城镇化率均低于45%，而海西州的格尔木市和德令哈市2016年城镇化率均高于65%，其主要原因在于农牧民市民化的进程缓慢，农牧区剩余劳动力转移到城镇受阻。从产业城镇化看，近五年农区海东市的乐都区、平安区产业比率数值都在90%以内波动，而牧区海西州的格尔木市和德令哈市产业比率都在95%左右波动，农区和牧区之间的差值为5%。由此可见，农区和牧区由于资源禀赋的不同所开展的产业链条也不同，二三产业对当地GDP的贡献程度也会呈现差异性。从收入城镇化来看，无论是农区还是牧区在城镇化建设过程中，农牧民的收入水平都得到了改善。然而，由于各县域经济发展水平存在差异化，格尔木市由于地理位置和资源禀赋优越使得其农牧民纯收入水平远远高于其他三个地区。从总体上来说，三个指标的明显变化与近十年青海省农牧区实行城镇化发展战略以促进区域经济发展是密不可分的。

通过对青海省农牧区农村金融发展与新型城镇化发展之间的相关性实证研究，以格兰杰因果检验、协整检验以及逐步多元回归模型的分析，得出基本结论：影响农牧区新型城镇化建设的主要因素是金融总量与金融效率两个指标。以海东市为代表的农区范围内，由于金融总量逐年增加，人口城镇化率也逐步地提高；金融总量对产业城镇化建设有积极影响，充分体现金融支持过程中如何实现产业升级转型进而有力地促进经济发展；金融总量对收入城镇化表现为正面影响，即金融发展有利于缩小城乡居民收入差距。主要是因为金融总量的增加，主要体现在机构数量和资产余额的增加，网点布局的增多使得普惠金融得以推进，农民获得有效收入增值途径。同时，农信社等涉农金融机构加大对农户的贷款比重，农户从事农业以外的副业并实现创收，进一步缩小城乡收入差距。以海西州为代表的牧区范围内，金融效率呈现出逐年提高的趋势，金融资源配置效率高，对新型城镇化建设的支持力度强，有利于人口的转移；金融总量的扩大有利于牧区产业结构调整与升级，海西州工业化迅猛发展的同时城镇基础设施建设得以完备。同时，海西州作为城乡一体化的先行示范区，有着得天独厚的优势，金融效率在区域范围内发挥着巨大的作用，刺激着海西州经济的繁荣发展，农牧民收入在稳步地提升，收入城镇化效应逐步增强。

分析新型城镇化进程中青海省农牧区金融体系存在的主要问题、成因及对策建议，发现农牧区金融体系目前存在二元性不平衡发展、农牧区金融体系涉及的农业贷款投放力度不足、农牧区金融体系金融产品创新不足、农牧区金融机构吸纳储蓄能力偏弱等问题；原因在于农牧区金融服务主体空缺，相应的制度配套不完善、金融机构生态环境变弱会制约金融产品创新等方面的问题；并且提出要建立农牧民真正需要的合作性金融机构，建立多方位、可持续化发展的城镇化金融支持体系，提高金融产品创新的力度，构建差异化金融服务体系，主动优化农牧区金融市场结构，逐步完善农牧区金融服务体系的相关对策。

依所选研究区域对新型城镇化进程中青海省农牧区金融需求与供给进行调研分析，找出金融供给与金融需求的新特征。发现青海省农牧区金融需求呈现规模化、综合化、差异化等特征；金融供给呈现出主体多元化、服务内容全面化、非正规金融逐渐阳光化、加大农牧区政策金融的支持力度等新的特点。

进行金融融量测定判断出新型城镇化进程中青海省农牧区存在金融供给与需求缺口，并得出二者之间的缺口值，找出金融供给与需求发展中存在金融供需缺口扩大、供需结构错位现象严重、供求技术矛盾加剧等问题，分析成因在于农牧业生产低收益性与金融机构盈利性之间的矛盾、农牧业生产高风险性与金融供给风险规避之间的矛盾、金融供给与需求之间的信息不对称、信用和法规建设相对滞后、金融供给治理制度缺失，提出利用财税政策与财政补贴方式促进农牧区金融供给、建立有效农牧区金融市场准入原则与退出机制、加快城市与农村金融的合作与融合、积极化解农牧业贷款风险等对策措施。

根据金融市场体系、金融组织体系、金融监督及创新体系、金融生态体系四个方面阐述新型城镇化进程中青海省农牧区差异化金融体系的主要表现内容。通过分析发现，新型城镇化进程中农牧区金融市场结构构成、金融组织机构规模扩大和运行效率、金融监管力度及金融产品和服务模式创新、金融生态圈的建设，对农牧户、农牧区企业、农村乡镇基础设施的推动作用是明显的，同时也伴随着农牧区金融体系日趋完善和成熟，农牧区长期存在的农村金融抑制现象得到充分缓解，这其中青海省海东市和海西州区域性的金融体系既有共性也有差异性问题的存在，如何更高效地服务于新型城镇化这势必对未来金融体系提出更有深度与广度的要求，因此如何构建差异化、多层次农牧区金融体系服务“三农三牧”是未来发展的必然选择。

借鉴国内外农村金融体系构建的实践经验，寻找差异化金融体系模式，明确差异化金融体系构建原则，重构新型城镇化进程中青海省农牧区差异化金融体系。国外多层次农村金融服务体系框架、完善农村金融法律法规制度、健全农村金融监管体系，对构建青海省农牧区金融体系有借鉴意义；对国内的发挥资本市场力量、创新农村机构的融资产品服务、政府政策扶持构建差异化的农村金融机构体系等实践经验对青海省也有重要参考价值。最后得出新型城镇化进程中青海省差异化金融体系应该从拓宽青海农牧区融资模式、丰富农牧区金融市场结构，坚持金融深化、重构农牧区金融组织体系，完善农牧区金融创新体系、提升城镇化发展质量，强化金融监管机制，优化农牧区金融生态环境四个层面进行重新架构。

13 研究不足之处与展望

13.1 研究不足之处

青海省农牧区地处偏远且交通极不发达，在实地调研过程中，项目研究只选取了四个区域的农村经济状况和农村金融体系、新型城镇化的发展水平进行调研，这远远不能代表整个青海省农牧区的发展水平；受统计口径和数据资料来源的影响，问卷的设计还不够科学，部分内容的统计描述欠缺全面和客观，相关实证分析的结果虽然能在一定程度上解释和说明问题，但其准确性、科学性有待进一步研究考证。

13.2 项目研究的未来展望

一是加大对青海省农牧区金融市场中保险市场和证券市场的探索，新型城镇化建设中它们是不可缺失的组成部分，也是金融资产有效配置农村经济发展的必然选择。

二是更多关注农牧区金融组织体系中新型金融机构组织的研究，它们准入门槛低、手续简便、方便灵活的金融服务特点符合青海省农牧区金融需求主体的需求，也是国内外新型城镇化进程中服务农村经济发展中金融机构不断探索的成功经验。

三是对金融监管与创新金融产品和模式的探索中，针对目前青海省农牧区普惠金融、绿色金融、移动金融开展中面临的实际困难，为此应结合地方经济发展的实际情况可做进一步的探讨和研究。

四是构建农牧区金融生态体系是全员参与建设完成的系统工程，农牧民金融专业知识和现代科技技术技能的培养如何规划和实施，让城镇化建设中的农牧民成为真正合格的城市市民也是后期持续重视的问题。

综上所述，青海省农牧区的金融体系还需要不断地健全和完善，才能更好地服务于新型城镇化建设，进而推动农牧区经济、社会、文化和民生的全面发展。这是一项复杂又具有可持续性的工程，任重而道远，如何更有效地建立具有青海农牧区特色的农村差异化金融体系有待全社会各方面的共同努力来完成。

附录

附录1：新型城镇化进程中青海省农牧区金融供给与需求调查问卷

（农牧户版）

您好！我们是××大学的师生，本问卷调查的目的是想了解大家对新型城镇化进程中青海省农牧区金融体系建设的看法和建议。希望能得到您的支持与配合，感谢您的合作！

家庭所在地（××州××县××乡××村）

一、农牧民的基本情况

1. 您的性别是（　　）。

（1）男　　（2）女

2. 您的民族是（　　）。

（1）汉族　　（2）藏族　　（3）其他民族

3. 您的年龄是（　　）。

（1）18~30岁　　（2）30–40岁

（3）40~50岁　　（4）50岁以上

4. 您的文化程度是（　　）。

（1）小学以下　　（2）小学

（3）初中　　（4）高中（或中专、大专、技校）

（5）大学本科以上

5. 您从事的行业是（　　）。

（1）农业　　（2）牧业

（3）农牧业兼顾　　（4）其他职业

6. 您的家庭年收入是（　　）。

（1）2 万元以下　　（2）2 万~5 万元

（3）5 万~8 万元　　（4）8 万元以上

二、金融供给问题

7. 当地提供金融服务的农村金融机构是（　　）【多选题】。

（1）中国农业银行　（2）中国邮政储蓄银行　（3）农村信用社

（4）小额贷款公司　（5）村镇银行或资金互助社　（6）其他

8. 您认为您所在地区的金融机构办理相关业务的便利程度是（　　）。

（1）方便　　（2）不方便

9. 您认为从银行或者信用社办理业务不方便的原因是（　　）。【单选题】

（回答“不方便”的回答此题）

（1）网点太少　　（2）距离太远

（3）服务态度不好　　（4）有些金融业务办理不了

10. 您对当地金融机构的服务质量整体满意度是（　　）。

（1）非常满意　　（2）比较满意

（3）一般满意　　（4）不是很满意

（5）很不满意

11. 您认为在新型城镇化建设中金融机构哪些方面需要改善？（　　）【多选题】

（1）扩大营业网点及自助银行

（2）提高金融服务质量

（3）提供更多适合农牧区的金融产品

（4）简化贷款程序

（5）降低贷款利率

12. 新型城镇化建设中金融机构提供的农村金融服务有（　　）【多选题】。

（1）存款　　（2）贷款

（3）转账、汇兑　　（4）ATM、POS 机

（4）保险（农业、财产、人寿）

（6）证券交易（股票、期货、基金）

（7）理财产品

13. 你觉得银行的贷款期限是（　　）。

（1）长　　（2）短

14. 您觉得银行的贷款利率高吗？（　　）

（1）不高　　（2）可以接受　　（3）高，难以接受

15. 您在办理贷款时遇到的最大问题是（　　）【多选题】。

（1）手续太复杂

（2）贷款利息比较高

（3）无资产抵押，贷不到款

（4）没有关系，贷不到款

（5）贷款额度小

（6）贷款期限短

（7）不了解金融机构的贷款业务

（8）其他，请注明

三、金融需求问题

16. 近五年你是否从银行金融机构贷过款（　　）（回答“是”，必须回答第 17 题）。

（1）是　　（2）否

17. 从银行金融机构贷款是否成功借到款？（　　）

（回答“是”，必须回答 18~19 题）

（1）是　　（2）否

18. 银行的贷款额度是否与您预期的贷款额度匹配？（　　）

（1）是　　（2）否

19. 银行的贷款期限是否与您预期的贷款期限匹配？（　　）

（1）是　　（2）否

20. 如需借款，首先会选择（　　）。

（1）向正规金融机构借款　　（2）高利贷

（3）关系借款　　（4）私人钱庄

21. 需要借款，您预期的平均借款金额是（　　）。

（1）2 万元以下　　（2）2 万~5 万元

（3）5 万~10 万元　　（4）10 万元以上

22. 需要借款，您预期的平均借款期限是（　　）。

（1）2 年以下　　（2）2—5 年

（3）5~8 年　　（4）8 年以上

23. 借款的用途（　　）【多选题】（有贷款需求的填写，无则可不填）。

（1）农牧业生产投入　　（2）子女教育

（3）医疗卫生　　（4）买（盖）房或买车

（5）婚丧嫁娶　　（6）其他，请注明

24. 新型城镇化建设中您认为迫切需要的金融综合服务是（　　）【多选题】。

（1）存款　　（2）贷款

（3）转账、汇兑　　（4）ATM、POS 机

（4）保险（农业、财产、人寿）

（6）证券交易（股票、期货、基金）

（6）理财产品

25. 如有富余资金，您想购买哪些金融产品？(　　)

（1）债券、基金、股票　　（2）保险（农业、财产、人寿）

（3）购买理财产　　（4）定期存款

26. 您有购买农业保险的需求吗？(　　)

（1）有　　（2）没有

27. 农业保险在当地存在的问题是（　　）。

（1）没听说过农业保险

（2）农牧业保险险种单一

（3）当地没有农业保险，可获得性低

（4）农业保险的赔付服务不好，太复杂

☆新型城镇化建设中您认为金融机构提供服务时还存在哪些问题？您有什么好的建议？

附录2：新型城镇化进程中青海省农牧区金融供给与需求调查问卷

（农牧地区企业版）

贵企业的名称__________________，地址是__________________

贵企业的注册资金是______________________万元，贵企业的规模是________________人，贵企业已经成立了_____________________年。贵公司所属行业类别是________________

注：类别选择①农林牧渔；②各类材料、设备、配件等的制造业；③房地产建筑、采掘、冶金企业；④住宿餐饮、批发零售等服务型企业。

一、金融供给问题

1. 当地提供金融服务的金融机构是（　　）【多选题】。

（1）中国农业银行　　（2）中国邮政储蓄银行

（3）农村信用社　　（4）小额贷款公司

（5）村镇银行或资金互助社　　（6）其他

2. 您认为您所在地区的金融机构办理相关业务的便利程度是（　　）。

（1）方便　　（2）不方便

3. 您认为从银行或者信用社办理不方便的原因是（　　）【单选题】。（回答“不方便”的回答此题）

（1）网点太少　　（2）距离太远

（3）服务态度不好　　　　　　　（4）有些金融业务办理不了

4. 您对当地金融机构的服务质量整体满意度是（　　）。

（1）非常满意　　　　　　　　　（2）比较满意

（3）一般满意　　　　　　　　　（4）不是很满意

（5）很不满意

5. 您认为在新型城镇化建设中金融机构哪些方面需要改善？（　　）【多选题】

（1）扩大营业网点及自助银行

（2）提高金融服务质量

（3）提供更多适合农牧区的金融产品

（4）简化贷款程序

（5）降低贷款利率

6. 新型城镇化建设中金融机构提供的农村金融服务有（　　）【多选题】。

（1）存款　　　　　　　　　　　（2）贷款

（3）转账、汇兑　　　　　　　　（4）ATM、POS机

（5）保险（农业、财产、人寿）

（6）证券交易（股票、期货、基金）

（7）理财产品

7. 你觉得银行的贷款期限是（　　）。

（1）长　　　　　　　　　　　　（2）短

8. 您觉得银行的贷款利率高吗？（　　）

（1）不高　　　　　　　　　　　（2）可以接受

（3）高，难以接受

9. 您在办理贷款时遇到的最大问题是（　　）【多选题】。

（1）手续太复杂，不方便

（2）没有关系，贷不到款

（3）没有资产抵押，贷不了款

（4）贷款利息比较高

（5）贷款额度小

（6）贷款期限短

（7）不了解金融机构的贷款业务

（8）其他，请注明

二、金融需求问题

10. 贵企业是否有贷款需求？（　　）

（1）是　　（2）否

11. 贵企业是否成功地从银行金融机构获得过贷款？（　　）（填“是”必填4~7题）

（1）是　　（2）否

12. 贵企业的预期平均贷款额度为（　　）。

（1）10万以下　　（2）10万~50万

（3）50万~100万　　（4）100万以上

13. 从银行获得的贷款额度是否能满足贵企业的融资需求？（　　）

（1）是　　（2）否

14. 贵企业的预期平均贷款期限是（　　）。

（1）2年以下　　（2）2~5年

（3）5~8年　　（4）8年以上

15. 从银行获得的贷款期限是否与生产周期相匹配？（　　）

（1）是　　（2）否

16. 贵公司目前资金状况（　　）。

（1）不紧张　　（2）比较紧张

（3）非常紧张

17. 金融机构拒绝向贵企业贷款的一般原因是（　　）

（1）抵押资产不足，担保单位难找

（2）企业项目缺乏吸引力

（3）金融机构保证资金的安全

（4）企业信用等级低

（5）企业财务信息不透明

18. 贵企业认为迫切需要的金融综合服务是（　　）【多选题】

（1）存款　　（2）贷款

（3）转账、汇兑　　（4）ATM、POS 机

（5）保险（农业、财产、人寿）

（6）证券交易（股票、期货、基金）

（7）理财产品　　（8）融资租赁

（9）保理业务

☆新型城镇化建设中您认为金融机构支持企业发展中存在哪些问题？您有什么建议？

附录3：新型城镇化进程中青海省农牧区其他访谈内容

（访谈对象：政府机构及乡镇政府其他部门）

1. 当地农业发展的基本情况（2012—2016资料）（   ）。

（1）农牧民数量　　（2）农牧民人均年收入

（3）涉农企业的数量

2. 当地新型城镇化已经取得的基本成果有哪些？(不是单选题)

3. 当地新型城镇化建设过程中最迫切需要的农村金融服务是（   ）。

（1）大额长期贷款　　（2）大额短期贷款

（3）一般长期贷款　　（4）一般短期贷款

（5）小额长期贷款　　（6）小额短期贷款

4. 您认为该地区农村金融发展缓慢的主要原因是（   ）。【多选题】

（1）体制设置　　（2）资金短缺

（3）专业人员缺乏　　（4）内部组织混乱

（5）农牧民不认同　　（6）其他

5. 对未来本地区农村金融机构数量的变化你的判断是（   ）。

（1）保持不变　　（2）急速增加

（3）缓慢增加　　（4）逐渐减少

（5）急剧减少

6. 2012—2016 年新型城镇化建设过程中的数据资料包括（　　）。

（1）农村基础设施建设投资额度

（2）农村文化建设投资额

（3）农村医疗卫生完善投资额

（4）农民专业技能人才的培养投入

（5）农村养老设施建设额度

7. 新型城镇化建设过程中政府在农村金融方面的工作方向有（　　）。【多选题】

（1）加强农村基础设施建设

（2）规范农村金融市场竞争环境

（3）促进农村金融公共信息平台建设

（4）建立农村金融专业人才的培养机制

（5）帮助开拓融资及相关金融服务渠道

（6）提出具体明确的金融政策

8. 在新型城镇化建设中政府对农村金融的要求有哪些？

9. 数据资料（2004—2016）

（1）当地非农人口和总人口

（2）第二产业与第三产业产值和 GDP

（3）城镇居民可支配收入和农牧民人均纯收入

参考文献

[1] Stiglitz Joseph E, Weiss Andrew. Credit Rationing in Markets with Imperfect Information. American Economic Review, 2011, 71 (3): 393-410.

[2] Patrick T. Harker and Stacros A. Zenios. Performance of Financial Institions-Efficiency Inovation. Regulation [C]. Cambridge University Press. 2000: 259-311.

[3] Goldsmith, Raymond W, Financial Structure and Development, NewHaven , CT; Yale University Press, 1969.

[4] Stiglitz Joseph E, Weiss Andrew. Credit Rationing in Markets with Imperfect Information. American Economic Review, 2011, 71 (3): 393-410.

[5] Levine. & Zervos, S. , 1998, Stock Markets, Banks and Economic Growth, in American Economic Review, 88, pp. 537-558.

[6] Arestis, P. P. O. Demetriades and K. B. Luintel (2001), Financial Development and Economic Growth: The Role of Stock Markets, Journal of Money, Credit and Banking, 33: 16-41.

[7] Jeanneney, S. G. and K. Kpodar. Financial Development and Poverty Reduction: Can There be a Benefit withouta Cost [J]. Journal of Development Studies. 2011, 47 (1), 143-163.

[8] Braverman, Avishay, Monika Huppi. Improving Rural Finance in Developing Countries [J] Finance & Development, 1991, 3 (28): 42-44.

[9] Stiglitz J. Market Failures and Development [J]. American Economic Review, 1989 (79) .

[10] Merton, R. C. and Z. Bodie, 1995, A Conceptual Framework for Analyzing the Financial Environment, In: The Global Financial System: A Functional Perspective, Eds: D. B. Crane , et al . Boston , MA: Harvard Business School Press.

[11] 岳文海．中国新型城镇化发展研究 [D]. 武汉：武汉大学，2013

[12] 麦金农．经济发展中的货币与资本 [M] . 上海：上海三联书店，1988.

[13] 宋冬林．中国民间金融的兴起与发展前景：温州案例 [J]. 北方论丛，2005，1：123-133.

[14] 李海峰．中国农村金融发展理论与实践研究 [D]. 长春：吉林大学，2012.

[15] 许丹丹．我国农村金融发展对农村经济发展的影响研究 [J]. 经济纵横，2013，10：27-31.

[16] 黄成莲．浅谈农村金融制度改革与统筹城乡发展——以江西省统筹城乡试点城市新余市为例 [J]. 武汉金融，2009，10：58-59.

[17] 张廷洋．如何加快推进西部城镇化进程——基于资金需求的视角 [J]. 时代金融，2011，15：82.

[18] 左晓慧．城镇化的金融支持研究 [J]. 福建论坛（人文社会科学版），2012，3：48-50.

[19] 李长春．新型城镇化建设中的农村金融困境与创新 [J]. 南方农村，2013，6：30-34.

[20] 党文．西部地区城镇化进程中的金融组织创新研究 [J]. 商业时代，2013，11：139-140.

[21] 岳福琴．我国新型城镇化建设中的金融困境及对策［J］．科技致富向导，2014，20：187.

[22] 肖妍，王伟．金融支持西部落后地区城镇化：现状与对策研究——以渝东南地区为例［J］．西南金融，2014，4：60-63.

[23] 巨丽丽．金融支持与青海城镇化发展［J］．青海金融，2014，1：23-25.

[24] 高学伟．以新型城镇化视角看农村金融存在的困境与对策［J］．当代经济，2016，1：90-91.

[25] 胡斌．政策性金融与我国城镇化发展战略［J］．中国金融，2002，10：36-37.

[26] 伍艳．西部欠发达地区城镇化进程中的金融支持［J］．西南民族大学学报（人文社科版），2005，2：126-129.

[27] 郑长德．中国的金融中介发展与城镇化关系的实证研究［J］．广东社会科学，2007，3：12-18.

[28] 范立夫．金融支持农村城镇化问题的思考［J］．城市发展研究，2010，7：63-66+72.

[29] 张岩，李欣．发展农村金融，支持新型城镇化［J］．银行家，2014，10：116-119.

[30] 崔俊．农村金融发展与城镇化动态关系研究［J］．河南科学，2016，2：286-291.

[31] 姚耀军．中国农村金融发展水平及其金融结构分析［J］．中国软科学，2004，11：36-41.

[32] 冉光和，张金鑫．农村金融发展与农村经济增长的实证研究——以山东为例［J］．农业经济问题，2008，6：47-51.

[33] 丁志国，张洋，高启然．基于区域经济差异的影响农村经济发展的农村金融因素识别［J］．中国农村经济，2014，3：4-13+26.

［34］肖兰华，施泉生，杨刚．农村金融发展对农村经济的动态影响测度——基于弹性系数分析方法［J］．江汉论坛，2016，1：30-35.

［35］谢琼，方爱国，王雅鹏．农村金融发展促进农村经济增长了吗？［J］．经济评论，2009，3：61-68.

［36］丁志国，徐德财，赵晶．农村金融有效促进了我国农村经济发展吗？［J］．农业经济问题，2012，9：50-57+111.

［37］张羽，赵鑫．农村金融发展拉动了农村经济增长吗——基于面板平滑迁移模型的经验证据［J］．社会科学战线，2015，10：257-261.

［38］卢钦．对建立新型农村金融体系有效途径的探讨［J］．武汉金融，2010，5：48-49.

［39］阳晓红．当前农村金融体制改革面临的主要问题及其推进策略［J］．武汉金融，2011，11：34-36.

［40］蔡洋萍．我国新型农村金融机构“支农支小”存在的问题及对策分析［J］．农 村金融研究，2016，1：66-69.

［41］李喆，吴淑景．城镇化进程中农村金融服务需求分析［J］．经济研究导刊，2012（6）：87-89.

［42］宋慧．青海农牧区金融需求分析［J］．特区经济，2010，9：202-203.

［43］中国人民银行黄南州中心支行课题组，钱光明．青海农牧区金融信贷需求分析［J］．青海金融，2013，6：18-20.

［44］巴红静．基于制度经济学的我国农村金融需求分析［J］．经济与管理，2012，10：29-34.

［45］王芳．我国农村金融需求与农村金融制度：一个理论框架［J］．金融研究，2005，4：89-98.

［46］王艳梅．基于信贷供求视角的农村非正规金融探析［J］．经

济研究导刊，2011，33：35-37.

［47］水峻．当前农村金融供给模式设计考量［J］．西南金融，2013，3：53-56.

［48］沈昊驹，谢筱华．我国农村金融供给不足的实证研究［J］．金融教学与研究，2011，1：28-32.

［49］牛凯龙．中国农村金融供给与城乡收入差距的实证分析［J］．金融与经济，2010，5：54-59.

［50］丁竹君，柳华．农村金融供给与创新研究——以甘肃为例［J］．开发研究，2009，1：125-128+151.

［51］林宏程．对我国农村金融供给问题的思考［J］．改革与战略，2010，9：91-93.

［52］何广文．中国农村金融供求特征及均衡供求的路径选择［J］．中国农村经济，2001，10：40-45.

［53］李万超．中国农村金融供给与需求结构研究［D］．沈阳：辽宁大学，2014.

［54］王彬．农村金融抑制及制度创新——基于供需视角下的分析［J］．河南社会科学，2008，4：62-65.

［55］廖舜．我国农村金融供求矛盾及对策研究［J］．中外企业家，2009，4：116-118.

［56］范子辰．我国农村金融需求与供给问题浅析［J］．改革与开放，2010，18：49.

［57］佘传奇，黄烨，马超．完善农村金融的供需角度分析［J］．经济研究导刊，2009，36：40-41.

［58］朱建华．欠发达地区农村城镇化建设的金融支持研究［J］．城市发展研究，2010，4：137-139.

［59］李舟．我国农村城镇化建设中金融支持存在的问题、原因及

对策［J］. 河南师范大学学报（哲学社会科学版），2014，3：88-90.

［60］陈尊厚，刘秀兰，李巧莎．发展多元化农村金融体系［J］. 中国金融，2013，13：59-60.

［61］刘亚州，李勇．青海城镇化进程中投资和消费需求效应分析［J］. 青海金融，2013，11：26-29.

［62］汪小亚．农村金融制度创新重点［J］. 中国金融，2013，19：79-81.

［63］潘威．新型城镇化发展的金融支持路径［J］. 武汉金融，2013，9：71.

［64］陈立刚．新型城镇化背景下农村金融供求矛盾分析［J］. 宿州学院学报，2015，7：19-22.

［65］曹龙骐．金融学［M］. 北京：高等教育出版社，2016：6.

［66］王曙光．农村金融学［M］. 北京：北京大学出版社，2015：9.

［67］巴曙松．城镇化大转型的金融视角［M］. 厦门：厦门大学出版社，2013：9.

重要术语索引表

人名索引表

后　记

本书是国家社科基金项目“新型城镇化进程中的青海省农牧区差异化金融体系重构研究”（项目批号：14BMZ076）的最终成果。项目从立项到研究报告的最终定稿，历经三年的研究调研和撰写，其中有收获也有感触，更有欢乐与辛酸！

本人在项目研究过程中，系统学习了国外农村金融体系和新型城镇化的基本理论及研究成果，着重了解了城镇化发展理论、农村金融发展理论、二元经济结构理论、金融体系、金融供给与需求等理论的发展脉络，还有众多国内学者在农村金融、新型城镇化方面的理论著作和研究成果，并在研究报告里梳理和引用了相关理论、观点和看法。十分感谢在区域经济学、农村金融学、新型城镇化理论与实践领域内潜心探索的前辈专家，是你们花费诸多心血完成各具特色的农村金融学著作和研究成果奠定了该项目研究的理论基础，使我们尝试将金融学理论运用于青海省农牧区城镇化建设领域，为当地新型城镇化进程中差异化金融体系构建提供思路。所有引用的理论、观点和资料在文中都已经详细标注，但仍可能存在疏漏，恳请谅解。

本书最大特点是理论联系实际，在项目研究期间，我们多次深入青海省农牧区四个地区调研，得到当地政府、金融机构、乡政府及职能部门领导和工作人员的大力帮助。尤其是青海省证监局吉桂军、省人保公司农险处周五、省信用联社张成亮、省银监局蒲永梅，海东市人行卫芳、农行梁增彦、乐都区金融办马长琴，海西州人行张波、农行丁勇、袁春勇、农商行赵国民，海东市政府蒲永平，海西州政府陈玲，海东市、海西州发改委、工商局等部门及乐都区、平安区、格尔木市、德令哈市乡镇政府工作人员及广大农牧民群众，他们怀着为改变当地区域经济发展落后现状的迫切心情，发挥金融支持农牧区城镇化建设的作用，热情接待我们进行实地调研，为我们提供各项资料。没有他们和当地群众的支持与帮助，研究项目很难达到预期效果。

本书由青海大学财经学院张永春教授负责全文的写作思路拟定、内容组织、撰稿、通稿、修改和定稿。项目组成员有青海大学刘波、姚茜、星景花老师及周振南、田志鹏、肖泽华、李言、彭毛多杰、多杰才让、马秀英、盛华、段光华、廖雨晴、姚益兰、朱旖旎、曾彦阳、刘士杰、康希梦、柳萍、魏占群、喇倩等同学，他们都参与了项目调研和部分内容初稿的撰写，在大家的通力协作下，本书如期完成。

最后感谢我的父母、家人和朋友，是你们默默地付出和不断地鼓励让我顺利地完成了书稿的撰写任务。

张永春

2019 年 3 月 1 日